图解服务的细节

033

三越伊势丹 ブランド力の神髓

零售现场力

［日］大西洋 著

王思怡 译

人民东方出版传媒
People's Oriental Publishing & Media
东方出版社
The Oriental Press

目录

INTERVIEW ①　三越日本桥总店店长中 阳次

"不能拒绝"是导购增强现场力最有效的方法 / 057

第 **3** 章
最重要的知识是从现场学来的

第 **4** 章

证词　现场员工感想

第 **5** 章
与现场鼎力合作推动企业成长战略

第 **6** 章
打造"全球第一百货商场"的方法

后　记

如何培养人才、持续提高现场力

前言
"现场力"为何在当今如此重要?

■■■百货业或多或少都在"不讲究方法胡乱经营",因此终将没落

百货商场做生意的方式方法众所周知。

从合作方(一般叫做"供货方",但三越伊势丹称之为合作方)处进货,再想办法将引进的这些五花八门的商品销售给顾客。百货商场只有在各方的协调合作下才能够做成生意。因此,对待顾客自不必说,对待相关的各方各面都应本着一个谦卑的态度。

但是,不知从何时开始,本应谦卑有礼的百货商场却开始变得傲慢自大起来。

对待顾客还能做到不失礼数,但对待合作方则变得趾高气昂,摆出一副"给你们面子才陈列你们的商品"的样子,不知不觉地就表现出了高高在上的态度。虽然这样说有些绝对,但目前的百货行业或多或少都有点儿这种"不

讲究方法的胡乱经营"，却是不争的事实。

抱有这种态度的百货商场，其业绩持续下滑可说是咎由自取，是其必然下场。

如果百货商场自己能够幡然醒悟，或许还能够摆脱现在的困境。但是百货商场却并没有改变自身态度，而是将业绩下滑的原因归咎于外部因素，采取了精简对企业最为重要的存在即人员的方式来降低成本、保证利润。

对于百货商场来说，可以从店头店面收集到海量的信息。其中必然包含能够影响百货商场未来走向的重要信息。而削减人员则等同于自动放弃了收集这些重要信息。

结果必然导致供应链（商品从制造出来直至到达消费者手中的一系列工序）之间到底发生了什么，百货商场根本一无所知。如果为了降低成本，而从削减最简单易行的人员工资费用开始下手，就会导致无法获得来自现场（一线）的重要信息。

而且，由于在业绩不良时采取有风险的策略是禁忌，因此也无法寻求新的获利方法。虽然百货商场总觉得已经像以前一样采取了应对措施，实际上却根本不知道如何是好。

在这种情况下，业绩必然一路下滑。

与其自己绞尽脑汁思索采取何种措施，不如多下点工夫引进在顾客中有人气的知名品牌和话题性较强的商铺。这种方式虽然收益率比较低，但相反销售额的提高却切实可期，因此是必然之选。这样一来，也不怪有人将百货商场戏称为"不动产业"。

如果每家百货商场引进的知名品牌都一样，必然会引起商品的同质化。这样一来，百货商场就无法打造出与其他百货商场的差别。而且，因为削减了从业人员，所以对顾客的接待也无法达到以前的水平。最后，顾客终将不再光顾百货商场。

其理由如下：

"要是这样的话，我还不如在优衣库买呢。"

即便是我，如果站在顾客的角度，也一定会作如是想。在此，对于优衣库商品的质量好坏、价格高低不做论述，但仅有一点是非常明确的，即优衣库的成本率之高在业界占有压倒性优势。

商品的成本率越高，就意味着在原材料方面花费的金额越多。也就是说，成本率越高，"商品质量越好"。优衣库就是对商品价值和价格的平衡把握得恰到好处。

与之相比，百货商场内的商品则在价值和价格的平衡上有很大的缺口。

成本率低这一事实在百货商场被如实地反映了出来。而百货商场却一直对这一现状放任不管，以致无法阻止业绩的持续恶化。

▰▰▰ 正因市场环境恶劣，才能分出企业好坏差距

自 2014 年 4 月起，日本消费税率由 5% 提高到了 8%。

在消费税提高之前的 3 月份，市场需求急剧增加，百货店的奢侈品和化妆品等的销售额也得到了大幅增长。不过，与此同时必然发生的是，由于 4 月份以后销售额会走低的预测，市场的消费动向呈观望状态。

据专家预测，在日本首都范围，预计在 4 月~6 月这三个月内，百货商场的销售额会受较大影响，但在 7 月份之后，市场会逐渐回暖。

但另一方面，地方的市场变化则稍有不同。

在地方，"安倍经济学"① 的经济政策本来就没有发挥

---

① 【英】Abenomics；"安倍经济学"，是指日本第 96 任首相安倍晋三 2012 年年底上台后加速实施的一系列刺激经济政策，最引人注目的就是宽松货币政策，日元汇率开始加速贬值。

出多少积极作用。因此，估计在大约半年的时间内，消费税率提高造成的消费市场低迷都会持续存在。具体地讲，预计直至 2014 年 9 月，每月销售额同比前年同一月份，均不会有增长。

结果也确实如此。日本首都经济圈在 7 月份之后市场消费便开始恢复上扬趋势。地方百货商场也如预计一般努力运营，多家店铺都取得了较好的业绩，恢复到了以往的状态。

不过，目前的市场现状却绝对无法让人感到经济环境已转好。

虽然销售额数字达到了预计水平，但却无法保证之后也会保持这一良好态势。反而可以说，今后的状况更为严峻。以此假设为前提，各百货商场制订了经营计划。

而仿佛不受消费税的影响一般，以百货业为代表的零售业却习惯仅把经济环境的动向变化作为依据，以论自身业绩。

媒体也仅仅会报道说"如果消费税提高，消费市场状况将会恶化""今年夏天气温低，因此会导致消费市场陷入低迷"，等等。

这样的内容实在令人不敢苟同。

之所以这么说，是因为这些都仅仅是已知的事实而已。重要的是应该针对这些已知的事实采取何种措施。

关于消费税，我认为今后增长到 10% 是迫不得已的必然趋势。对于国民来说是一项伴随着痛苦的政策，但如果此时采取回避的态度，则会失去世界各国的信任。根据安倍首相的决断，不会在 2015 年 10 月份上调消费税，但也明确表示该计划会在 2017 年 4 月份开始实施。虽然计划推迟了，但日本的消费市场环境日趋严峻却是不变的事实。

然而，我并不感到悲观。

因为正是处在如此严峻的市场环境中，才能够将企业的评价好坏等差距如实地反映出来。除了采取不被经济环境所左右的措施和对策，百货商场别无其它选择。甚至可以说，正因为我们三越伊势丹处于如此严峻的环境之下，才能够发挥出我们真正的优势（品牌力）。

而我们的品牌力来自于"现场力"。

我们拥有越是在逆境中越能发挥出优势的现场力，对这一点，我们引以为傲并充满信心。事实上，消费税提高后我们的业绩恢复上涨，也不仅仅是因为经济环境改善这一个理由。我们在销售现场的努力付出虽然不能断言100%有效，但正逐渐地体现出了应有的成果。

具体分析不在本章赘述，在通货紧缩的市场环境中，在周围市场展开了价格竞争之时，我们始终谨记要提供给消费者绝对不卷入价格竞争的商品价值。我们绝不会改变已经确定的 price line（最利于销售的价格区间）。这一宗旨绝不会动摇。

比如：如果顾客对该商品的心理价位是 23000 日元，为了应对通货紧缩，有些商家会降价一折，以接近 20000 日元的价格卖出。但是，我们却会严守 23000 日元的价格线。与此相对，我们会更加努力思考如何才能够在销售现场体现出更多的附加价值。

结果就是，在消费税上调后的半年时间内，我们将每位顾客的客单价提高了 2%。这就是严守 price line，并在此基础上附加了"价值"而积累出成绩的佐证。我们采取的措施和对策开始体现出了成果。

▇▇▇ 仅靠关注同行业其他公司，无法摆脱衰退

话虽如此，但我们离百货商场原本应有的形象已经渐行渐远了。

我经常表示："现在是变化的时代。"我的意思是，要以此为前提，灵活应变地改变所有事物。

这是因为我感到我们三越伊势丹仍是一个保守的公司。保守到让人对其至今仍不改保守的体制而感到不可思议。

以往，作为企业经营判断的基准之一，曾有一个时期出现了"55%攻击论"这种说法。这一思考方式的原理是，在判断是否可以开启新事业时，如果成功的概率在55%以上，即便仍存在45%的失败风险，也应积极进攻。

我无法认同这种想法。

别说55%了，我甚至主张"30%攻击论"。我的意思是说，只要有大约30%的成功概率，就应该不断挑战和尝试。但是反观现在的三越伊势丹，却全然不是我想象的样子。说得极端一点，现在的三越伊势丹也就仅仅能摆出"90%攻击论"态度的程度。

当然，责任在我。再这样下去，三越伊势丹会在社会上无声无息地消失，而我们却缺乏对这一危机的紧迫感。

诚然，如果仅从百货业来看，我或许还能够多少做出一些对未来行业变化的提示。但是，我原本就没打算将百货行业作为比较的对象。

我不将这些同行业公司作为目标（指标）是有原因的。

日本零售业整体的年销售额规模大约为 140 兆日元，而其中百货业却仅占其中的 4.4%（约 6.2 兆日元）。我认为在这样的"狭窄的市场"之中即便不断扩大竞争，最终也难逃同归于尽的命运。

这不是我就任社长之后才开始考虑的问题。虽然听起来像是在自吹自擂，但我早在 20 年前（1995 年），即在结束了海外公司的外派工作回到公司男士综合管理部门时，就已经不再着眼于跟同业其他公司的比较了，反而开始对便利店和 IT 企业另眼相看。

便利店在商品开发上面投入了极大的力量，使制造出来的商品能够为消费者所接受。IT 企业则以现有企业连想都不敢想的速度迅捷地实现了转型。如果不关注走在时代前端的企业，三越伊势丹就无法在激烈的市场竞争中存活下来，我深深感受到了这种危机。于是在 2012 年被任命为社长之际，我终于有了机会向全体从业人员表达我的立场和理念。

百货业的销售额增长率在不断缩水，这是不争的事实。

这正表示，百货商场本身已经不合时宜。

也就是说，重复以往的老路什么也改变不了。因此，能够改变这种颓废状态的冲击力、能改变这一切的规模、声势、速度，都必须要达到前所未有的高度和强度才行。

■♦♦♦ 通过共同经营，使三越伊势丹成为兼具"传统"与"革新"的百货商场

伊势丹百货历来都标榜自己勇于"革新"。自2008年4月与三越百货合并以来，又在其中加入了"传统"的特性。在这个激变的时代，我认为同时存在着"不可改变之事"和"必须变革之事"。

百货商场做生意基本上是销售员与顾客一对一的关系。百货商场必须保留这种一对一的传统优势，并在此基础上提高精度。

特别是三越拥有三百年以上的历史，在顾客忠诚度上，比伊势丹要更有优势。因此，应该一切优先考虑长年来一直支持着自己的顾客。

但是，不可否认这类忠诚顾客的年龄层也在不断升高。

如果只是一味地珍惜和认真接待这些老顾客，却不能够吸引新顾客，那么一定会导致销售状况每况愈下。

为了防止这种情况的发生，必须实施史无前例的新举

措，建设博人眼球的新型商店。因此，必须持续不断地推出伊势丹最擅长的革新型经营策略。

我举个例子来说明。

一说到三越的购物袋，很多人都能很快地在脑海中联想到实物。

白底、中央有藏青、红、水蓝的粗线花纹。这款购物袋自1957年开始使用以来历经50多年，一直没有改变。作为三越百货的品牌象征，想必有很多人喜欢使用这款购物袋。

2014年4月，百货公司决定，将更换这款纸质购物袋的设计。

更换有着300年历史的三越百货购物袋，是件很艰难的事。三越百货受到了来自各方面的反对。但是，为了表明自己追求自由思想的意志，即不被过去的成绩束缚，认同公平、无偏见的多样化价值，寻找新价值，三越做

2014年4月，三越百货的购物袋推出新款设计。这也象征着大西领导下的革新姿态。

出了更换设计的决断。这一举措象征着三越摆出了勇于革新的姿态。

三越和伊势丹在店铺建设方面的做法也大相径庭。

但是，从公司整体出发考虑，我认为至少有三成的部分必须变革。破旧才能够立新。虽然或许会花费很长时间，但我仍下定决心以这种态度去面对公司未来的经营。

▰▰▰ 优秀的导购应与董事享受同等级别薪资

在前文中，我曾说过成本率越高的商品质量越好。

百货商场无法提高成本率的原因是，从制造到销售，其间的参与者过多。如果能够将这一过程中的参与者数量尽可能减少，就可以提高成本率。我目前正在对这一课题进行认真地研究和尝试。

另一方面，对于百货商场来说，最重要的是在一线（销售现场）销售商品的人。即使削减与供应链相关的参与者，也绝对不能削减在现场直接面对顾客、支撑着三越伊势丹商品销量的这些顶梁柱。

甚至可以说，在这种严峻的经济环境下，反而必须增加现场工作人员数量，提高对这些销售人员的评价和薪资水平，增强他们的销售能力，为此，公司制定了这一方针。

作为这一经营方针的一环，公司在讨论从 2016 年开始，在负责销售的 5000 名员工（在三越伊势丹，将其称为"导购"）中选取一部分为对象，引进根据销售业绩给与报酬的薪资制度。

目前，我们每名导购的年平均销售额约为 2000 万~3000 万日元。另外，在优秀的导购中，年销售额达到 2~3 亿日元的也大有人在。但是这两者之间的薪资差距，同年龄的每月最多不过一万日元左右，奖金差距最多也只有几万日元。

这种工作评定方式和薪资标准能说是公平合理的吗？

在这样的条件下，导购的工作热情何以高涨？

为了提高工作人员的"现场力"，提升他们的服务质量，我强烈意识到应该尽快改变这种做法。优秀的导购应该享受和董事同等水平，或者至少与部长同等水平的薪资报酬。

令我深刻认识到这一制度的必要性的，是我自己的个人经历。

在我自加入伊势丹百货以来 35 年的工作经历中，最艰辛痛苦的就是在店头进行销售的时期了。即便是现在，如果你问我三越伊势丹最辛苦的职位是什么，我仍然会毫不迟疑地大声回答"现场的导购"。

"别在事务所捣鼓电脑啥的，多去店头店面跑一跑。"

也有这种说法。当然，这并不是否定在事务所对着电脑工作的员工。我知道每名员工都在拼命地工作，履行作为员工的职责。但即便是这样，每当我看到事务所的工作状态时都会想，他们是否真正地理解现场销售的重要性。

虽然最近现状已经有所改变，但仅在几年前的经营会议上，依然有对现场的工作丝毫不了解的董事们在自说自话。

"降低成本！"

"削减人员！"

做出这些发言的董事们到底有没有搞清楚三越伊势丹是在哪里赚到的钱呢？三越伊势丹这一品牌是由"现场"支撑起来的。

自始至终，我最重视的就是现场。

而且，今后我也将继续重视下去。

在忘记了现场重要性的那一刻，三越伊势丹这个公司也将走上错误道路。我是真的这样想，才这样说。为了不让事态演变至此，并且也为了能让三越伊势丹引以为傲的品牌力得到进一步的提升，切记要打造最重要的"现场力"。

本书以百货业这一从某种意义上讲非常特殊的行业为舞台,展开论述。

但是,"现场最重要"这一思考方式,并不单是三越伊势丹一家公司的问题,可以说各行各业都适用。

如果读者在读完本书之后,能重新认识到"现场力"的意义和重要性,就是我最大的收获和幸福。众多企业和工作人员如果能够通过这本书获得"现场力",那更是本人不胜之喜。

2015 年 3 月

大西 洋

第 1 章

提高员工工作热情

■■■ 在百货业，采购人员比销售人员更受重视

由于与顾客直接接触，因此在百货商场中最能够发挥出现场力的是导购（销售人员）。正如我之前说过的，导购作为百货商场的窗口，负责应对顾客全部需求，这样说也不为过。

而另一方面，还有一种职位也很重要，就是担任商品进货职责的"采购人员"。

在观察百货业时，你或许会有种感觉，即采购人员能为百货商场定下基调和风格。

在三越百货，有将优质顾客亲切地称为"账房先生"、并给与周到热情的服务的传统。正因为要珍惜优质顾客，才营造出了重视销售职位的企业文化和环境。但是，伊势丹百货拥有"时尚的伊势丹"这一品牌力，所以对于能够引进最时尚前沿商品的采购人员投入了更多的力量，甚至有投入过多之嫌。

或许是受此影响，进入百货商场就职的年轻人们全都想要当采购人员。确实，在采购人员中，有些人成了空中飞人，能够满世界地采购商品。因此，即便这只是臆想，

却也让大家产生了采购人员这一职位更高端的印象。

与此相对，销售职位却乏人问津。

不仅是在百货商场，服务产业本身也难以获得关注和人气。近来，就连餐饮店等的打工兼职招聘都出现了招不来人的局面，这么说来，愿意选择销售职位作为一种长久的（半长久的）职位的人少之又少也就不难理解了。

"一整天都得一直站着。"
"不能按自己的节奏工作。"
"工资低。"

这样当然不可能招到人。

原本在伊势丹，如果没有担任过"销售经理"这一管理级别的销售职务，是不可能就任采购人员的。但是不知从哪年开始，忽然就出现了直接担任采购人员的人才。说他们非常优秀也许有些不严密，但至少也是有切实能力的人才。

伊势丹的采购人员在购买商品时有非常严格的前提条件。不能以个人喜好、"好像现下正流行"等理由采购商品，而是必须有充分的应购买这一商品的理由，购买行为才能够被认可。当然，为此采购人员必须广泛把握顾客信息、商品信息。什么类型的顾客会购买何种商品？采购人员要求具备这种细致周密的分析能力。

如果采购来的商品不受顾客的欢迎，就会受到严厉的批评。

若消化率（销售金额占采购金额的比率）连 50% 都达不到，那就不是导购的问题，而是采购人员的责任。也就是说，权限越大责任越大。这就是采购人员的工作性质。

目前，三越伊势丹每年有合计 400 名左右的采购人员赴海外采购商品，而他们在国外的每一天都不轻松。

我也曾作为采购人员去外国出过差，那时候我的一天是这样度过的。

早上一起床，就在宾馆吃早餐。吃完就马上出门，去拜访多家合作方。午饭都没有时间好好地坐下来吃，就买个热狗或者汉堡边走边大口大口地塞进嘴里了事。跑完一天，回到宾馆的时间大概是十点到十一点左右，晚饭也不可能有时间在宾馆吃。具体吃了什么我已经忘了，估计也就是在外面随便买点什么，然后一手拿着食物，一边趴在房间的桌子上把当天订货的具体内容写进报告，繁忙的一天才终告结束。

出差期间，基本上每一天都是这样的日程。伊势丹的采购人员在赴海外出差时的行程很紧张。因为公司要提供高额的差旅费，所以行程安排得紧也是必然。

有一次，我曾与一个合作方百货商场（在这里不提及该百货商场的具体名称）的采购人员们一起去外国出差。我们双方的行程完全不同。他们甚至在工作间隙，有时间去当地的美术馆参观。

当然，我并不是说去美术馆不对。甚至从提高采购人员的审美和感性认识这个意义上讲，不论是美术馆还是博物馆、当地的名胜古迹，都应该去看看才对。如果时间上不允许的话，那么只要把出差时间再多延长个一两天就可以了。

但是在伊势丹，却不允许这样做。

既然是去出差，就应该明确目标，弄清需采购哪些商品。比起其他百货商场，伊势丹对采购人员要求得更为严格。不好说这种做法是好是坏。但或许，正是因为百货商场相信现场采购人员的意见和眼光，才授予了采购人员采购商品的权限，因此，采购人员也自然应该以身作则，以恰当的言行回应商场的信任。

销售时间应再缩短些，以9小时销售为佳

但是，只重视采购人员这一状况却并不是件可喜可贺的事。

我所理解的"现场力"只体现在实体店里。

正因如此，我认为必须重新关注销售职位，并着手对前言中提到的人事制度做出修正。现场力取决于在店里直接面对顾客的导购们的工作热情。

也就是说，正是工作热情催生并提高了现场力。

三越伊势丹共有员工12000名，只要每一名员工的工作热情都提高一点点，销售额就会立即提升2%~3%。在店面陈列琳琅满目的商品、提高充满服务热情的销售服务精度，所有这一切都需要由人来完成。通过提高现场导购的工作热情，一定会令上述内容有很大改观。

在提高员工工作热情时，仅仅一味地激励对方"加油、加油"起不到任何作用。人事制度和工作环境是基础。前文已经讨论过人事制度了，因此这里就针对导购的工作环境进行论述。

这一问题在百货商场就体现在销售时间和固定休息日这两个问题上。

近年来，为迎合消费者多样化的生活方式，百货商场以及超市等零售业都在不断延长销售时间。但是，越是延长销售时间，从业人员的劳动环境就愈发恶化。伴随而来的，则是对顾客的服务质量也必然地有所下降。三越伊势丹为消除这一弊端，提高顾客接待质量，缩短了销售时间。当然，在做这个决定之前，已经有了销售额下降的心理准备。

　　每间店铺的销售时间都略有差异，比如在伊势丹新宿总店，早上的开店销售时间推迟到了 10 点 30 分。这是综合了公司内外的各种意见之后确定的。

　　原本对于推迟开店销售时间这一问题，在公司内部的前期听证中，有大约一成左右的人持反对和保留意见。

　　对于需要一边育儿一边短时兼职打工的女性来说，肯定希望工作能够尽早开始、尽早结束。因为早点结束工作接孩子回家之后，还能有充足的准备晚餐等家务劳动的时间。

　　但是，如果改换成 10 点 30 分开店销售的制度，工作开始的时间就会推迟，结束工作的时间也就比以前晚了。这样一来，就会出现来不及接孩子、赶上下班高峰等各种问题。

多年以来百货商场一直遵循着 10 点开始销售的模式，顾客们对此也已经习以为常了。即便实际销售时间改为 10 点 30 分，还是会有顾客 10 点就到店门口等待，有些导购觉得对这些顾客感到很抱歉。

　　更改销售时间之初，也遭到了很多顾客的批评和反对，但目前大家已经普遍认可了这一事实，从结果来看，我认为变更销售时间是正确的。对于我们为何要以积极进取的态度去做这件看似不符合时代潮流的事，我将做以下说明。

　　我认为销售时间应该进一步缩短。具体地说，应该再缩短半小时至一小时，以 9 小时销售时间为佳。

　　因为这样从业人员就不再需要倒班，全体员工都可以"一班到底（从开店一直工作到打烊）"地工作了。如此一来，无论顾客何时来店，卖场里都是"同一个"导购为其服务，因此能够为顾客提供更细致周到的服务。

　　无论何种职位都一样，都不是工作时间越长越好。我认为，销售时间越长越能更好地接待顾客这一想法是错误的。在更短的时间内提高服务质量，诚心诚意地接待顾客才是上策。

　　另外，自己的意见被反映和采纳也能够提高导购和销售经理的工作热情。但是，销售时间过长则会导致他们忙于眼前的工作，缺乏时间和精力去思考创造性意见和观点。即便他们在与顾客的接触过程中发现了一些问题，并在这一过程中想到了解决问题的关键，也会被繁忙的日常工作弄得疲于奔命，而无法深入思考。

这些都是可以通过稍稍改变一下体制并花费少量费用即可解决的问题。

甚至可以说，让现场销售人员思考如何将顾客期望如实地反映和体现在服务细节中，才是提高生产效率的更有力手段。销售时间变更的问题今后必须从各个方面进行深入探讨，我今后也会继续努力，尝试缩短销售时间。

▉▊▍ 建立即使销售额停滞不前也能提升销售 利润率的组织架构

在百货商场销售的商品是由采购人员购买的。但最终将这些商品卖给顾客的是导购。

采购人员的品位和感受力的重要性自不必说，站在销售现场最前沿接待顾客的导购则是信息的宝库。应该采购哪些商品？如果不和导购交流探讨，采购人员的工作就无法进行。

过去，采购人员和导购同属销售部。也就是说是"采购和销售一体化"的形式。而自从采购和销售人员分属于不同部门之后，则常常会产生如下矛盾和争端。

"我千挑万选采购的商品，就因为你们不好好卖，结果销量不好。"

"就因为你们采购回来这些破烂东西，结果都卖不出去。"

那情景大家都可以想象得到吧。互相推诿责任，场面真是难看。那么，统合成一个部门问题就能得到解决吗？实际上，对此还没有一个定论。这有时候取决于每个企业的经营方针，想要以哪一方为主，就会为此将销售和采购置于组织内部的相应地位。

三越伊势丹从 2013 年开始就已将组织架构建设为"采购和销售分离"的模式（参照 p13 图）。

做此决断的理由有很多，其中之一就是为了促进"采购模式改革"。

采购模式改革是三越伊势丹于 2011 年开始采取的措

施。为了重振日渐衰败的百货商场，必须建立即使销售额停滞不前也能提升销售利润率的组织架构。

在百货商场，商品的采购价格和销售价格的差额即为利润，称为毛利润。在毛利润中减去销售费用，即为销售利润。虽然提高商品售价能够大幅提高毛利润，但这在现实中是不可能的。这样一来就只能降低商品的采购价格了。

然而，也不能单单想着降低商品采购价格。因为这样会强加给合作方（供货方）很大的压力和负担。所以，如果不能构建一个前所未有的组织架构，则无法获得合作方的首肯。

因此，我们百货商场方面决定承担销售风险。

一直以来，滞销的商品都会退回给供货方，因此百货商场并不背负任何损失。而作为不承担滞销商品风险的代价，百货商场情愿接受较低的利润率。

这样下去是没有出路的。因此，我们百货商场调整了方向，将经营模式改为与合作方协同合作，共同承担库存风险，从而获得较低的进货价格，提高利润率。

对于合作方来说，虽然以往的利润率有所下降，但却因此降低了退货风险，因此从这一角度分析和计算利润率，还是很可观的。百货商场绝不能店大欺客，靠自身规模和实力强压合作方。

● "采购模式改革"和"提高销售能力"双管齐下
2013年三越伊势丹实现"采购和销售分离"后的组织架构

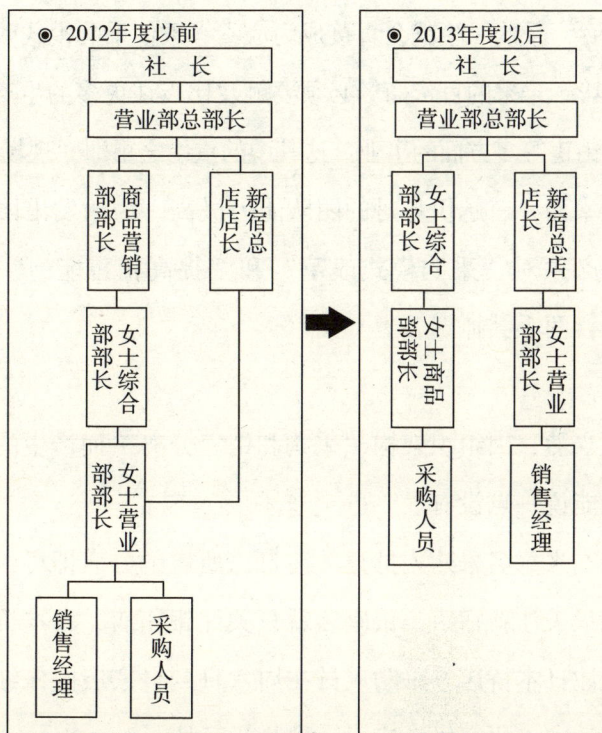

◉ 2012年度以前

社 长
营业部总部长

商品营销部部长 ┃ 新宿总店店长
女士综合部部长
女士营业部部长
销售经理 ┃ 采购人员

◉ 2013年度以后

社 长
营业部总部长

女士综合部部长 ┃ 新宿总店店长
女士商品部部长 ┃ 女士营业部部长
采购人员 ┃ 销售经理

注：以伊势丹新宿总店・女士营业部为例。实际的组织架构图与此不同。
资料来源：三越伊势丹集团

采购模式改革的实施顺利展开，目前占销售额的构成
比率接近15%。今后还要进一步提高才行。

为使采购模式改革取得成功，最不可或缺的关键就是

将商品卖光。最少也要卖出总进货量的 85%，这是改革成功的大前提。

因此，销售能力是关键。现场的销售能力越弱，越会产生库存。采购风险就会直接成为成本，致使采购模式改革变为泡影。未来的百货商场必须要触及比以往更多的生产、采购、销售等多方面的事业。这其中的重中之重即"现场"。

幸而，三越伊势丹的团队能力极高。为激发出团队活力，必须对"采购模式改革"和"提高销售能力"双管齐下，两手共抓。

当然，因组织架构"采购和销售分离"而产生的弊端也不能说一点没有。

本来每名采购人员只关注自己所属的分店即可，新宿店就只关注新宿店，银座店就只关注银座店，日本桥店就只关注日本桥店。采购人员在周六日到自家店内仔细观察顾客动向，研究思考应引进哪些新商品。

但由于体制的改变，采购人员不得不兼顾这三家店铺。

每名采购人员能在店里考察的时间不变，但现在却不得不将这有限的时间分给三家店铺。这样一来，在每家店里把握顾客购买特点和倾向时就会变得草率、不彻底，这对想要磨练自己对销售现场的把握和感受的采购人员来说没有任何好处。

在各个店铺的现场销售人员也反映"采购人员不来店里了"。店面的销售经理负担加重，乍一看这种改革显得效果很差。

但是，针对这种情况，是有解决办法的。只要加强采购人员和销售经理的沟通交流即可。

或许这么说有些严重了，沟通交流本就不是组织的问题吧。即使是在工作中，也应该属于人与人之间能否相互尊重的人性问题。

不过，我们仍必须时常思考如何在组织架构上解决这种弊端。

将必要的信息切实传达给有需要的人员，这是最基本的条件。

▮▮▮ 公司应主动为员工提供接触不同环境的机会

前文谈到采购人员出差的话题时，我曾说过顺便去参观美术馆是件好事。

在百货业，要想让每名员工都能够磨练现场力，最重要的就是对大事小情都抱有兴趣，在实践中增长见闻、亲身体验。当然，利用休息日上街逛一逛，去同行业的其他百货商场见识一下对方的待客之道也非常重要。

或者，也可以去看看目前正流行的时尚品牌，或去考察一下生意红火、排长队的餐饮店等，所有员工都能保持各自旺盛的好奇心，是公司对员工的基本要求。重复从家到公司两点一线的生活，仅囫囵吞枣地分析从网络上得来的消息，是无法磨练出提升现场力的感性认识和品位的。

因此公司应主动以多种多样的形式为员工提供接触不同环境的机会。

2014 年 2 月在纽约举办的"NIPPONISTA"。8 名女性员工参加了这一活动。

三越伊势丹于 2011 年打出了"恢复日本活力，让日本向世界发声"的口号，并以此为基础开展了名为"日本品位（JAPAN SENSES）"的活动。这一举措还被纳入了日本经济产业省的"酷日本战略推进事业"项目。

借此势头，2014 年 2 月，三越伊势丹在纽约 SOHO 区 Green Street（绿街）举办的"纽约时装周"期间，开设了临时商场（Pop-up Store）NIPPONISTA，旨在向全世界介绍推广日本设计生产的时装、杂货、食品等具有日本特色的商品设计和理念。这次活动也会进行实际销售和接待，因此公司把 8 名年轻女性派往当地。公司授予了这几名员工一定的权限，让她们自由发挥所长。

2014 年 10 月，公司又派出 4 名女员工赴巴黎最古老的百货商场 Le Bon Marche 出差。该百货商场围绕衣·食·住·艺术这几方面举办了有史以来最大规模的日本主题企划展览——"Le Japon Rive Gauche"，此次出差正是为了参加该展览。

这次出差能够成行，也是她们自己主动提出，并向综合管理部部长努力申请才得以实现。公司整体能够有这种举动，就证明公司已慢慢有了变化。

另外，2013 年 3 月，正值新宿总店的女装商品楼层（总馆地下 2 层·1 ~ 4 层）需要翻新改造，在此期间公司派出了大约 200 多位区域领导和助理销售经理赴大阪出差。其目的是让他们去翻新重建后再次销售的阪急百货商场考察学习。

区域领导和助理销售经理与采购人员不同，基本没有什么出差的机会。而且，由于准备翻新改造的准备工作，他们几乎每天都在加班，看起来非常疲累。然而出差回来之后，他们的表情和状态都变了。好像在说"我们绝不会输给那家店"。当然，他们的眼中又恢复了神采，从那天起就连工作方式都有所改变。

如果公司能够给与员工体验不同环境的机会，就一定会令他们有所变化。作为公司，为了提供这种环境，必须积极地进行投入。

比如：在位于美国佛罗里达州奥兰多的迪士尼乐园，园中的日本馆里有一家商店名为"奥兰多三越"。以前我公司曾向那里派送过研修人员，近几年来由于公司经费不足就暂且搁置了。

要想体验不同的环境，这是一个很好的地点。为了能让年轻员工尽可能多地外出体验，公司于 2015 年重新开

2014 年 10 月，4 名女性员工到巴黎的百货商场 Le Bon Marche 出差，

参加 Le Japan Rive Gauche 展。

启了该制度，每年派遣 5 名员工赴当地进行研修。

■■■ 经营速度欠佳确实会导致企业丧失很多机会

与其他企业的人才交流对于体验不同环境、开阔视野也十分重要。

我公司一直以来都坚持与 JR 东日本公司进行人才交流活动。按照两人每两年一替换的方式，派员工赴对方公司事业发展总部进行交流。

这个事业发展总部是一个致力于推进"车站内"（指在轨道交通运营公司管辖下的车站内发展商业设施的空间）等新事业项目的部门。比如：我们曾经共同合作了越后汤泽车站的开发工作。在三越伊势丹也有开发部门，但像这种全程参与车站的综合设施开发的项目基本没有。

虽然有自夸之嫌，但这些积累了多年经验的员工确实也得到了长足的进步。他们中的一员目前正负责名为"伊势丹之镜"的化妆品在中小型店铺的开店工作，这名员工在回归后视野比赴任前开阔了很多，神情和态度也焕然一新。

我们已经理解了置身于不同环境之下对员工成长的绝妙好处。但是，除了一直以来与 JR 东日本公司的人才交流之外，我们暂时停止了其他职位的人才交流。

不过今后我们仍将积极开展此类活动。我们必须学习以 IT 产业为代表的高速成长企业的工作模式，并以此为基础对公司方方面面做出改变。下面就来详细说一说 IT 产业。

IT 产业的企业工作模式、职场环境、企业决策方式和我们的做法完全不一样。当然，由于行业不同，也不能全然原搬照抄，但如果深入观察其企业环境，一定能够学到不少东西。虽然我不能明确提出企业名称，但可以介绍几家比较有特点的企业。

有一家上市企业，每年都有一个董事更换时期。基本上执行董事都是每年一签约。这样对照起来，每年的董事更换也就不足为奇了。据说董事会名单会在每年的股东大会上，向全体股东发表。

在每月一次的例会上，董事需要向社长提出新事业项目的提案。提案是否被采纳都是当场决定，甚至会确定该项目的负责人、成员以及项目推进方案。

在另一家企业中，基本上都会授予员工所有权限。说得极端一点，就是只要能出成绩，怎么做都可以。

"销售部部长在吗?"

"不在。"

"去哪儿了？请把他叫过来。"

"部长正在国外出差……"

上面的这段对话是他们平时在职场中经常上演的，只不过员工没有个人的固定工位和座椅。如果全体员工都出勤了的话，办公室就坐不下了。可见这种企业花费时间和精力出外勤跑业务的程度。

当然，他们也要承担相应的责任。虽然他们还是会在会议上源源不断地确立新项目，但如果项目没有发展前景，社长就会当场做出终止的决定，立刻解散项目组，非常严酷。我们于2015年4月起，派出了两名员工赴该公司进行研修。

与IT企业和咨询公司相比，三越伊势丹的经营速度确实落后很多。三越伊势丹的员工无论如何都要先建立风险规避。当然，这样做也有其好处和必要，但因此而导致的经营速度欠佳确实会令企业丧失很多机会。

我并不是说要进入IT企业去学习他们的业务，而是希望我们能够学习那里的工作方式，加强速度感，提高会议的质量和意义。虽然我们的员工有可能成为对方的累赘，无法长期地在对方公司担任职务，但即便如此，就算只有三个月的时间，能够让我们的员工置身于那种环境之下，我相信也一定会令我们员工的意识发生巨大改变。

事态演变到今日的状况，主要是身为经营者的我的责任。因此，为了能负责任地改变公司的现状，我正在拼命地采取各种措施。

但是，不论我多卖力地摇旗呐喊"挑战""速度"等抽象的语言，员工都不会有所行动。必须要在会议和销售现场用最直接的语言打动员工，让他们看到社长自身的表率作用。

▰▰▰ 提高现场力的"买场革命""职场约定" "ever green 制度"

1996 年 10 月，高岛屋①在新宿车站南口开张了一家大规模百货商场。

在距今二十多年前高岛屋决定开店之时，伊势丹新宿总店面临着思考应对之策的窘迫局面。当时伊势丹新宿总店的年销售额为两千几百亿日元，而估计高岛屋百货的年销售额至少也能达到一千亿日元。伊势丹思索并实施了多种对策，其中最具代表性的就是时任总店店长（铃木胜男）一力实行的"买场革命"。

在百货商场售卖商品的场所被称为"卖场"。直到现在，顾客以及其他的百货公司也沿用着这个叫法。伊势丹以前也曾使用过这一词语。

---

① 大型日本百货公司连锁店。株式会社高岛屋最初是由创立者饭田新七 1829 年创立于京都的一家二手服饰及棉料织品零售商，沿革至今，现今已扩店全日本，在世界各国都市如纽约、台北市士林区、巴黎及新加坡也都有海外分公司。总店设于日本大阪府大阪市中央区南海难波站内。

但是细细想来，卖场这一词语似乎过于强烈地表现出了售卖方"想要卖出商品"的态度。因此，站在买东西的顾客的视角，为更进一步提高待客服务的质量，伊势丹便将"卖场"一词改称为"买场"。

从那时起，至今二十多年过去，我们公司一直把卖场称为"买场"。

在销售现场工作的从业人员始终秉持着这一态度和立场，致力于打造更能吸引顾客的买场。公司上下无论做任何决策，均以"买场"这一出发点为基准进行讨论和制定。

另外，为提高现场力，公司做出的另一项举措即"职场约定"运动。

这一运动的开端大概也可追溯到二十几年前了。伊势丹也有自己的企业理念，这一点和其他所有公司没有不同。而重点是，如何渗透这一理念，如何站在顾客的立场上实现这一理念。为此，我们发起了"职场约定"运动，具体做法就是，将每个买场作为一个团队，全体员工共同参与制订活动主题，并付诸实践。

然而，这一运动花费了相当长的时间，才最终在公司上下得到了普及和落实。

那好像是我还任男士商品部部长时候的事情。前社长武藤信一审阅了被制作成文字材料的《职场约定计划书》后，做出了同意的批示。

这份材料被分发给了部长以上级别的公司骨干。当时，公司仍保持着改革进取的姿态。因此凡事都不能半途而废、不了了之。这份计划书便成为了优先级最高的项目。

至今，每年三月份在日本桥总店的三越剧场内都会举行最终选拔赛。选拔赛要在包括海外店铺在内的合计近1300个团队中，选出优秀团队10~12个，再从中选出最优秀团队。这是公司每年的一大盛事。

不过，在经过了二十多年后的今天，该运动仍没有达到理想水平。

真正认真去做的团队大概仅有两成左右。虽然这种状况可以用人们常说的"2∶6∶2法则①"简单带过、敷衍了事，但我仍坚信只有彻底贯彻这一措施，才能够从根本上提高员工的现场力。

既然刚才提到了三越剧场，我就再给大家介绍一项提

---

① 在组织里先天充满热情的，和完全没有热情的人各占2成，其余6成均为中间地带。

高现场力的举措。我一再重申提高销售能力是最重要的课题，为此，不仅是三越伊势丹的员工，合作方派来的顾问（三越伊势丹称之为"合作顾问"）也有必要提高现场力。

不过，合作顾问是以销售自己公司生产的商品为目的才到买场工作的，因此基本没有义务和必要向顾客推销其他公司生产的商品。

但是，既然在三越伊势丹的店面里帮忙，我们就希望他们能够作为我们的导购尽到自己最大的努力。

每年3月在日本桥总店三越剧场举行的"ever green 制度"

和"职场约定"表彰大会场景

因此，我们建立了一个只要是优秀的导购，不论是我们自己的员工还是合作方派来的合作顾问，都能够平等地获得表彰的制度。这就是 2011 年起开始实行的"ever green 制度"。

在全国共 65000 名导购中，根据销售额和上级推荐进行综合考虑，选定出获得 ever green 认证的最终获奖人。2014 年的获奖人为 61 名，至今公司已累计选拔出了 145 名。这个 ever green 表彰大会和"职场约定"运动的表彰大会同时在三越剧场举行。

▐▆▅▃ 能培养后辈的人，其根源是自身销售能力强

2008 年 4 月，三越百货和伊势丹百货宣布合并经营。

由于两家职场环境和企业文化全然不同的公司合并在了一起，或许令人担心会遇到各种各样的冲突和障碍。

但是，实际在现场，我们发现这种障碍基本不存在。在合并后，我们进行了人事变动的统计，共计 500~600 名员工交互到了双方公司进行跨部门工作。2014 年原三越出身的员工赢得了"职场约定"运动的最优秀奖，伊势丹公司和员工们也没有任何芥蒂。

伊势丹百货原本在银座和日本桥没有店面。进入伊势丹工作的员工要想到银座去工作，这在以往简直是天方夜谭。而在日本唯一一家位于办公区的三越日本桥总店，对于出身伊势丹的员工来说也是最想去的店铺。相反，三越出身的员工们到了伊势丹新宿总店之后，也震惊于店内庞大的客流量和商品的周转速度。

在福冈，有三越和岩田屋百货，现任三越店长曾在这两家百货公司任职过。我们还派遣了伊势丹的员工赴松山的三越百货任职，派遣三越百货的员工赴上海和泰国的伊势丹百货任职，从现场工作上来看，已经不存在什么隔阂和障碍了。每家公司都有各自积累的企业文化中最优秀的部分，我们只需要取其精华，相互尊重即可。

在合并经营后不久（当时在三越伊势丹控股的形式下，分别作为全资附属公司独立经营），我出任了三越日本桥总店的商品营销部部长。但是令我感受颇深的除了对新的业务流程不熟悉之外，就是对三越的销售经理和助理销售经理的工作方式感到很有问题。

这是因为伊势丹出身的销售经理和助理销售经理在赴三越就任，并在那里工作后，使三越产生了戏剧性的变化。

伊势丹有一位优秀的助理销售经理，这名女员工为人十分严厉，甚至有些让人害怕。她被派往三越日本桥总店男士商品部担任助理销售经理。在那儿工作了四年。

而在她手下工作的女员工都以令人惊讶的速度迅速成长起来了。有名女员工入职第一年、第二年都在她的指导和熏陶下工作，后来就任了助理销售经理，并在 2015 年 4 月升任了销售经理。这真是令人吃惊的成长速度。

能够培养后辈的人，其根源都是自身销售能力强。而且都是能凭一己之力就可以打开买场局面的、熟悉现场工作的人。

为使这种能力和态度能够连绵不断地传递下去，我们必须努力坚持提高所有员工的现场力。

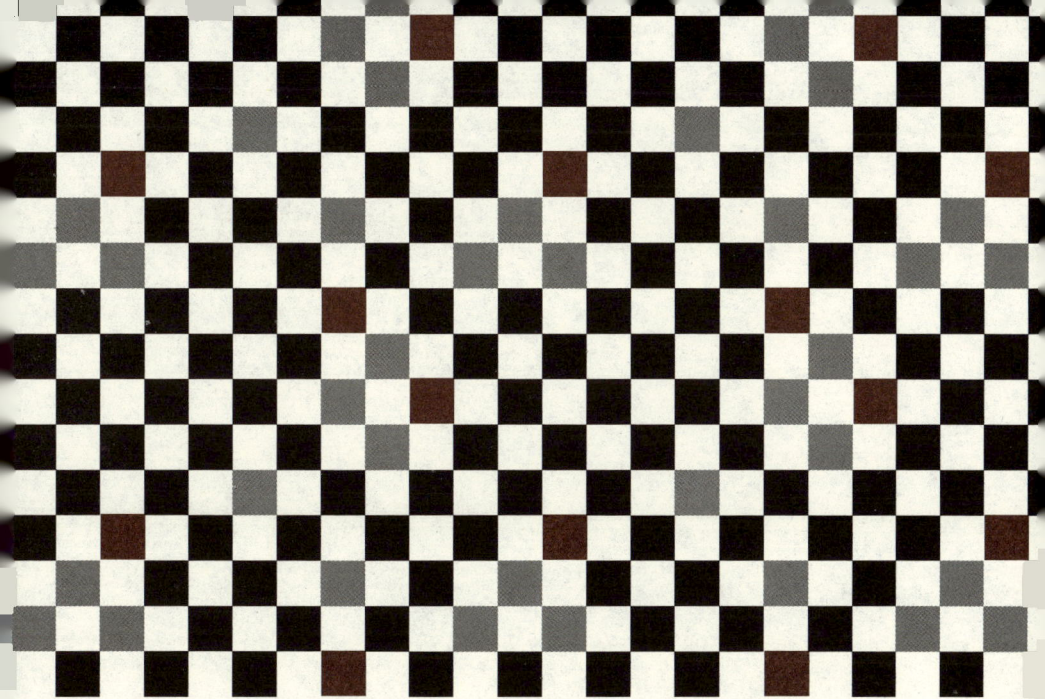

第 **2** 章

让店长发挥出领导力

███作为店长，最重要的是将自己的意愿，即"WILL"表现出来

　　我作为经营者把握着公司整体运营的大方向，而百货商场则由"店长"担负这一职责。与小型餐饮店和便利店的店长不同，处于市中心的百货商场店长需要负责几百亿日元到两千几百亿日元销售额的销售规模。这种店长到底会给现场带来何种影响呢？

　　如果是分店，则店长处于最高领导地位，销售综合管理部部长位于其下，而最下面则分别并列有数名销售经理，这就是分店的组织架构。因为组织架构较为扁平化，因此可以说店长的指示能够更直接、轻松地传达下去。但是伊势丹新宿总店、三越日本桥总店、三越银座店这三家位于首都范围内的店铺（这三家店面被称为"旗舰店"）则因为规模庞大，而使组织架构稍有不同。

　　截至2013年3月以前，其组织架构如下。（参照 p13图）

　　在负责商品进货的采购人员和负责销售的销售经理之上，是销售部长，再之上是商品综合管理部部长，再之上是商品营销部部长，最高一级就是销售总部长，基本上是

这样的架构。也就是说，该架构是采购职能和销售职能都同样归属于销售部的"采购和销售一体化"体制。此时，应将店长置于何种地位呢？

销售部长之上是商品综合管理部部长和商品营销部部长，因此就将销售部长之上再加分一个职位，店长就位列于此。也就是说，该组织架构对于销售部长来说，其直接上级领导有两位。

虽然店长和商品营销部部长同级，但在实际工作中，店长要遵循商品营销部部长的指示和方针，实行所有措施和政策，因此，店长主要是在销售和服务方面对员工做出指示。所以，实际上比起店长，商品营销部部长拥有更大的权限，导致店长的地位变得非常尴尬。

因此，2013 年 4 月，公司进行了体制改革，变更为第 1 章中提到的"采购和销售分离"体制。

首先，在采购人员之上是商品部部长，再之上是商品综合管理部部长，这样，整个采购系统就一直延伸至销售总部长。另一个分支系统是销售系统。销售经理之上是销售部长，再之上是销售综合管理部部长，再之上是店长，最终延伸至销售总部长。

这样的组织架构变更，使店长作为在销售政策·销售政策方面的责任人，被赋予了明确的地位。

结果，店长因而产生了"这是自己负责的店铺"的意识。

因为赋予了店长一定的权限，所以诸如制定一些能够提高导购工作热情的政策，或是导购主动提出的一些建议和意见等各种问题，只要在店长的职权范围内，就能得以实现。某位销售经理在体制改革后，是如此评价店长的。

"只要去跟店长协商某事，立即就能得到反馈和帮助。这在以前真是无法想象。"

虽然这是表扬店长的话，但也侧面反映出以往店长并不是没有干劲和能力，而真的是权限不明。

现在，每家店铺跟店铺建设相关的日常运作都由店长负责。不过，涉及到数亿或数十亿日元的大宗项目自不必说，在进行大规模的店面翻新和改造时，仍需要进行经营判断。对于有风险的行为和举措，还是必须由公司出面制定大致的方针政策。

比如：我认为伊势丹新宿总店必须每年进行维修和翻新。另外我会指示餐厅需进行翻新改造，店长接到指示后负责具体实施即可。

三越银座店每年的总销售额中约有 10% 是入境消费（访日外国游客）创造的。换算成金额，约有 70 亿日元。目前即有如此巨额的消费，由此可预见未来入境消费的金额还会进一步增加，因此，公司方面制定了在这一市中心百货店导入机场型免税店的方针。

这类重大问题，我作为高层领导会在一定程度上给出今后工作的方向性，其余的我认为基本上可以让下属自由地进行店铺建设。甚至可以说，我希望下属能够主动向我提出"想要做这项工作"，可惜因为体制改革刚刚开始，这样的店长还很少。

其中，三越日本桥总店店长向我提出，在 2016 年～2017 年想要对店面进行翻新改造，目前正在做这方面的准备工作。像这样，作为店长最重要的是表明自己想要做些什么，即表现出"WILL"。既然已经赋予了他们能够这么做的权限，我期待他们今后的表现。

▙▚▚ 中层管理者应展示出自主行动、主动销售的态度

与店长相同，对现场来说，中层管理者的变化也是必不可少的。如果他们能够在现场发挥出实力，现场的运作会变得更加灵活。

能够晋升到部长级别，自然都是一些深具经验和能力的人才。但是这些人一旦成为管理层，就立刻变得谨小慎微。他们不再关注现场，而是开始看起了上级董事的脸色。

即便如此，近来也开始有不少年轻有为的部长和采购人员积极地走出了公司，去现场考察。这一行业很小，因此他们的这种举动很快就传到了我的耳中。

"今天××部长来了啊。"

"昨天××采购人员在我们店。"

这一现象真是令人欣慰。如果不走出公司和办公室，就会有很多东西无法了解。通过走出办公室，走出公司，不仅自己能够得到成长，而且还要意识到这一行为能够提高公司的价值。这跟年龄无关。

中层管理者背负着三越伊势丹的金字招牌走出公司，虽然这样的行为越来越多，可喜可贺，但整体看来还是有

一些难度和风险的。因为我总感觉比起 IT 企业这种高速成长的企业，我们在决策和行动上还是慢了不少。

"只要有三成的可能性就可以尝试和挑战。"

我在前文也这样说过。我的这一期望虽已传达到了年轻一代的员工那里，但对于中层管理者来说还远远不够。如何改变他们的观念，是我今后工作的重中之重。

再多说一句，当观念已经得到革新的下属提出想要进行挑战和尝试时，能够合理应对，这也是中层管理者的重要职责。

正如近来很流行的说法一样，我其实也很期望组织架构能够扁平化。这样一来，决策速度会变得很快，也不会出现上传下不效，下情上不达的情况。

"我想要尝试挑战新型餐饮事业。"

某位采购人员向其直属上司提交了项目方案，这位上司的回复如下。

"这不是你的本职工作吧。"

就这样，以这种形式杜绝了下级员工反映的问题和心声。但是，如果把组织架构扁平化，则三越伊势丹的组织架构就会过于庞大。如此，要想杜绝此类事件的发生，就应由中层管理者做出改变。

从现场力的意义来讲，中层管理者展示出自主行动、主动销售的态度，就能发挥出巨大的领导力。职位越高，越应该意识到这一点，这才能够使下属的现场力得到提高。

当然，就任部长这一职位之后，会有各种各样管理方面的工作。我并不是要求大家宁可放着自己的工作不管，也要去现场进行督导。

如果每天都去现场有困难，那么至少也应在某一点上能够对销售做出一定贡献即可。其实，销售如此重要，这个问题本应众所周知。作为公司，如果自身体制不能够对销售有所帮助，那就是有问题的。

我也应该跟中层管理者直接对话才是。

目前，我能够将他们聚集起来谈话的机会，就只有每年两次的公布决算报告的公司内部说明会上。届时会召集所有管理职务人员谈话，但仅这两次是不足够的。如何改变中层管理者的思考模式（mindset），是三越伊势丹的一大经营课题。

至少，中层管理者对下属的工作指导应不阻碍下属的进步。最近，面向全店员工进行的广播内容如下。

"经理们在听到下属的意见和建议时，应认真接受，并本着负责任的态度予以回复。"

如果自己无法给与帮助和支持，至少要为下属的尝试和努力加油鼓劲。下属好不容易鼓足干劲，绝不能打击、摧毁他们的意志。

"没有预算。"
"没有先例。"

管理者不知为何总爱说这些冠冕堂皇的话。这与公司的目标和宗旨背道而驰。中层管理者们绝对不能令下属不知如何是好。

其实，即便是他们自己，也有想要尝试和挑战的事情。

成为店长后被授予了一定的权限，应该可以去做一些自己喜欢的事情。但销售部长和商品部长级别的中层管理者们即使有想做的事情，一想到"说这话肯定会被上面盯上"，就变得缚手缚脚了。这个损失是巨大的。当前的第一要务就是打造出能令他们尽情去做想做之事的体制。

不过，看一看这几年来成为部长的这些成员，我就觉得变化真大啊。能主动提出自己观点的人才增加了，因此，我期待着再过四五年公司能发生更大的变化。

■■■■ 为让下属充分发挥现场力，请将下属变成自己的粉丝

本来，所谓领导力，指的是确定自己的努力方向，并以此为依据主动去做，最终取得成果。如果领导不身先士卒，那么下面的人就绝不会跟着领导干。

在这个大前提的基础上，要想让下属发挥出现场力，我认为领导最需要具备的领导力即"将下属变成自己的粉丝"。也就是说，要让下属崇拜自己，甘愿付出个人的努力和汗水。

之前我也说过很多次了，在百货商场，在现场负责销售商品的导购毫无疑问是最严峻、最辛苦的。

每天都要在店里持续站立八九个小时，无论身体欠佳还是情绪低迷，都必须微笑面对和接待顾客。不仅如此，还必须要取悦顾客，想方设法让顾客对我们的服务感到满

意。这份工作所需要付出的精力和心血以及艰辛，是其他任何工作都无法比拟的。

对于处在如此艰苦的工作环境下的导购，我们的领导乃至整个公司都没有表现出足够的尊重和敬意，今后应该做出一些改变。为此，领导必须从亲赴现场、熟知现场工作性质开始做起。

我是在现场工作中成长起来的，因此觉得在店里的时间是最开心和有趣的。无论是观赏商品、想象顾客一边逛商场一边在想些什么，或是观察导购以怎样的态度接待顾客，都让我乐在其中。

我在现场的时候，一定会跟导购打招呼。也未必所有下属在听到上司主动跟自己打招呼时都会感到高兴，但即便如此，我还是坚持跟她们打招呼，是因为她们掌握着各种信息。特别是与顾客相关的信息，她们知道得比谁都清楚。

有一次，发生了这样一件事。

那天买场（卖场）里人声鼎沸，顾客熙熙攘攘，所有女导购们都在拼命地接待着顾客。收银台里面有一位女性导购在奋战，但收款的速度再快也赶不上顾客结账的数量，以致收款处大排长龙，人满为患。

而此时，我们的男性销售经理在干什么呢？他仅仅是站在排队结账的队列末尾，说着"请结账的顾客到这边排队"。不论现场多么繁忙和混乱，他都没想过要自己主动接待顾客或是帮忙结账。

或许是就任了销售经理的职位之后，在现场销售商品的经验变少，因此在这种情况下就不知道该做些什么了吧。由于维持排队结账顾客的队列秩序相对比较轻松，因此就不自觉地去做这件事了。每当我看到这种男性销售经理的所作所为，都会痛感三越伊势丹不能这样下去了，当然这也有我的责任。

女性导购肯定会对此产生不满。

"销售额能提高到多少。"
"向顾客推荐 iCard（三越伊势丹的会员卡、信用卡），争取能办理○○张。"

虽然在店里的早会上听取了销售经理的以上发言，但她们的心里肯定是这样想的——

"话说得那么轻巧，你卖过东西吗？"

只要男性销售经理能够发挥出现场力，这些女性导购一定能够在工作热情、工作方式以及思考方式等各个方面有所改变的。这样一来，就会令整体的销售水平突飞猛进。

▮▮▮▮ "总之，一定要有两年时间就只在店里做销售"

还有一点，大学毕业后直接进入公司工作的男性职员，过了三年左右就能够突然获得提升，对此女性导购也有很多不满。

因为是公司人事制度的问题，所以不能很快地得到解决和改善，但只要这些男性员工有超越女性员工的销售能力，就应该能够消除这些不满。

有一位男性销售经理，在这里不提及姓名，他曾在伊势丹新宿总店男装馆工作。他已四十五六岁，从心底里喜爱销售的工作，每次我去店里视察，都能看到他在店里进行销售服务的身影。女性导购们都非常崇拜他。

虽然他原本就很喜欢销售工作，但他也深知销售工作的辛苦和艰难。他理解女性导购每天工作的辛劳。正因他主动地背负起了这份艰难和辛苦，因此才得到了女性导购们的信赖。

当然，作为销售经理，这种方式方法是否正确还存在着分歧。对此表示异议的，理由如下。

"对于销售经理来说，管理才是工作的重点。如果只顾着接待个别顾客，不就无暇关注买场的整体运营情况了吗?"

这种说法也有一定的道理。但即便如此，三越伊势丹百货还是一个以销售为本的公司，今后也将进一步增强员工的销售能力。优先级最高、最重要的工作就是销售，为此，即使经理亲自进行销售活动，暂时不能履行自己的岗位职责，也没关系。

甚至可以说，我更希望公司中，再多出现一些像上面提到的男经理那样"有实践精神的经理"。

目前，由于公司定期招新，大学毕业的男性新员工如果进步快的话，进入公司第三年就能负责商品销售，或是成为采购助理。这样一来，现场销售的时间就变少了，即使想进行现场销售工作，也只能在周六或周日中的一天而已。

"总之，一定要有两年时间就只在店里做销售。"

虽然我对公司男员工做出了这个指示，但实际却执行得不太彻底。这样是无法令他们的销售能力强过女性导购的。因此，制定这样的措施和规章制度是有必要的。

"高级导购"一职没有男性员工就任，这原本就很不可思议。

所谓高级导购，是一项在 2014 年导入的制度，是一个专门为在销售方面能力卓越且能将该能力传授给他人的员工设置的职位。2014 年任命了 14 名高级导购，但全部是女性。

前文介绍过的获得"ever green"表彰的员工中虽然有男性员工，但这些男性员工都是合作顾问（合作方派遣过来的导购），我们自己的男员工则一位都没有。这一事态非常严重。

为了改变这一思维定势，作为经营领导者的我必须要不断地强调。不能通过制定措施去解决这个问题，而是要向男性员工们展现出经理职位也应主动进行销售工作的态度，这一做法才是有意义的。

■▗▗▗ "在组织内部，信息无法顺畅流通，这太荒谬了"

在前文中，我曾提到，"只要有三成的成功概率即可以进行尝试和挑战"。

从这个意义上讲，对于提出"我想做这个项目""请让我去做这项工作"的下属，应尽可能地满足他们的愿望。我之所以这么说，是因为这些项目大多数投资额都不高，属于那种即便失败了也没多少风险的项目。如果是涉及到数亿日元、数十亿日元的大型投资项目，则一定会通过经营会议讨论后再给出决策结果。

最近，我终于又听到了来自销售现场的新事业项目提案，真是久违了。

某位采购人员提出了想要进军新型餐饮业的计划。他属于工作结束后喜欢四处游玩的类型，当然，我是指好的意义上的放松休闲娱乐，因此，他经常会在不经意间获得多种信息。在这些信息中，有一些就引起了他的兴趣，这对公司来说是非常好的事情。但是，这件事跟他所负责的工作完全是两个不同的领域。

我期待着能有更多像他一样的员工出现。工作结束后出去放松和娱乐，是非常好的充电方式。尽管如此，大家还是不愿意在晚上出去娱乐消遣，那么三越伊势丹的信息流通和获取速度就必然会落后于其他同业公司。

其实，我希望不仅采购人员能像刚才提到的那位一样，也希望公司的董事们也能够做到这一点。但是，这样的人才却可遇不可求。说起来心酸，一过五十岁，大家的工作就一下子变得繁重了起来。

刚刚那名采购人员提出的方案，最终辗转到了我手里时，已经过了半年的时间。

半年前，我曾直接从他的口中得知了这个事业计划。我经常说："真想要做，就找到可行的方法再去做。"这句话如果按照字面意思去理解和执行，就容易使员工产生直接找公司大领导去汇报并获得批示，这种轻率的想法。既然公司是由一个完整的组织构成的，那么这样的越级行为未见得是好事。

实际上目前不通过正常渠道而直接上交到我这儿的案例有很多。

这种行为并不是因为讨厌自己的直属上司，而非要说原因的话，我想大概是因为想法太过强烈而宁可舍弃正常渠道也要实现吧。年轻人对事业的追求，如夸父追日般热情高涨。对此种越级行为，是认为不公平，还是认为正因对待工作有这种紧迫感，梦想才能得以实现，这是一个见仁见智的问题。

"在组织内部，信息无法顺畅流通，这太荒谬了。"

这才是根本问题。可是，我也不能总是插手过问各级间的沟通。

我只能回复他说："我知道了，是个不错的企划。但请直接跟你的上级去沟通。"

与此同时，我承诺自己将时刻关注这件事的进展。但是，不出所料，这件事被耽搁了很久。这名采购人员提出想要进军餐饮业时，他的上司不出所料地做出了如下回复。

"这不是你的工作范围吧。"

中间的过程，我也从这名采购人员的口中一一得知了。正想着要在什么时机出言干预，但一想到这点小事也要社长出面可能会起到负面效果，因此最后还是派了一名董事去推动，才终于使这个企划案被拿到了经营会议上来讨论。

结果这一企划案获得了通过，并批准予以实行。结果虽然好，但这件事根本没有必要浪费半年的时间。

只不过，这次的事件首先以这种形式取得了一定的成果。以往从来没有过这种先例，今后各部门则一定会有更好的合作。

实际上，我发现，把跟企业的交涉和沟通工作交给女性员工去做时，有时候一两个月就能够完成。

我不是说自己有多特别，但有关新事业新项目的信息不论好坏，都会集中到我这个社长这里。站在社长的立场上，要把这些信息委派给谁去负责处理，是关键点。直到两年前，这些信息还是直接反馈给现场的销售人员。但是，这样做的后果则是使现场变得混乱。

因此，2013 年公司成立了名为"market 开发部（现名市场开发部）"的部门。汇总到我这里的新信息全部被转交到这个部门。包括由其他公司员工提出的新事业新项目方案，也都全部由这个市场开发部进行处理。根据项目的规模大小，直接判断是否需要召开经营会议去进行审议。

因为有市场开发部负责判断每项提案应落实在哪个现场，所以使很多项目得以顺利推进。特别是两年前社招的没有百货商场工作经验的成员最为活跃。

正因如此，目前公司状况逐渐改变了。

现场的女性导购和三十岁左右的女性年轻员工开始提出"想在市场开发部工作"。她们成为今后市场开发部和现场得以改变的原动力的可能性很高。

▪▪▪▪ 绝不能让懒惰的人得到认可的企业文化和职场环境得以蔓延

"会叫的鸟儿有虫吃。"

我很推崇这句话。我这么说的意思是,希望我的员工不顾及风险,勇往直前地去挑战和尝试。但是,我们却发现,现在的年轻人们,即使本身十分优秀,却也不愿意去承担任何风险。

虽然我没有跟所有的员工都谈过话,不敢如此断言,但仅就我们三越伊势丹的员工而言,二十五岁到三十五岁年龄段的年轻员工们已经越来越勇于挑战风险了。

在第 1 章中,我曾提到过我们的女员工赴巴黎 Le Bon Marche 出差的事。她们并不是采购人员,本来并没有资格出差。但即便如此,她们仍想要亲眼去见证世界第一百货商场召开的这次展览,因此向上级主管积极申请,赴海外出差才得以成行。

像提出进军餐饮行业的那位男采购人员,以及成功赴巴黎出差的女员工们这样的员工还不多，远达不到全体员工都能做到的程度。而且，也没有必要要求全体员工都要做到。从现实上讲，要想让全体员工都达到这种水平简直难如登天。

不过，看一看做到了这一点的员工，我意识到，从结果来看他们都是我曾经谈过话的人。因此，公司上层应该重新认识到直接与现场员工沟通交流的重要性。这不仅限于社长，公司各个级别的领导都应这样做。

我深切地体会到，即使不能保证全体员工都覆盖到，也至少应以某种形式与员工进行沟通交流，将领导的期望和意愿传达给他们。这一手段无论是公司内部刊物，还是每年只进行几次的全馆广播都可以。只要能将成功员工的案例和典范让他周围的员工们知道，使其周围也能够再产生一些这样的人才，就达到目的了。

"凭什么只有那几个女员工能去出差？

另一方面，也必须考虑到其他员工会产生这样的不满。但这也是没有办法的事情。主动请缨的员工同时也肩负着必须取得成果的责任，一定要让其他员工充分认识到这一点，让所有员工都能彻底了解到，出差的员工并不是去游山玩水。

"你能够获得机会和权力。但代价是，你必须承担相应的责任。"

公司不这样就不会成长。

"如果还得承担责任，那不如干脆默不作声、老实呆着更轻松。"

这种懒惰、没有上进心的人也被得到认可的职场环境，绝不可以使之蔓延。甚至可以说，不仅是特定的部门和特殊的人才，我期待着公司各部门不拘一格的人才的诞生。

为此，我有意地做了如下举措。

这就是始于 2014 年 11 月的"农业女子项目"。虽然打出了农业这个词，但实际上，该项目的成员不仅限于食品部门，而是从各个不同领域中选拔出来的。前文提到过的 NIPPONISTA（三越伊势丹在纽约召开的临时商场）也是由来自各个不同领域选拔出来的人才组成的团队。尽可能地将各部门的人才统合在一起，我期望公司能保持这个态度。

而我也期望，由此成长起来的年轻员工们能够不断地改变这个公司。今后，三越伊势丹要想持续成长，就只能

始于2014年11月的"农业女子项目"。虽然打出了农业的牌子，但成员不仅限于食品部门，而是选拔自各个不同领域。

采用这一方法。

▰▰▰ 领导必须具备"思考能力"和"表现力"

为培养领导，我公司开设了商业学校，旨在让领导掌握必备的经营理念，这样才能充分发挥领导力。

学校主要的培训对象为40岁左右的中层管理人员，但最近，在将来作为公司高管的执行董事之中，也会每年选出 8~10 人参加研修和培训。这一管理层的可塑性已经基本定型，因此可以说，对于还有成长空间的中层管理人员的培训效果，更令人期待。

希望在不久的将来，在他们之间能够产生几名高级管理人才。光说不练是不行的，应一边掌握和学习现场力，一边同时进行研修。

在 40 岁这个年龄段，应该已经入职 20 年左右。正值人生和事业的转折点，因此这一时期应好好地考虑一下，在今后的 20 年能做出何种成果。

在公司内部的商业学校进行培训的，具体来说是公司的候补领导，即部长 20 人左右。课程的授课期为半年。

课程形式为进行企业研究并汇报，从公司外部聘请讲师进行讲解，然后根据讲课内容将自己的想法做成报告，最后根据某一题目进行研究后做成报告，全部在我和董事们面前进行汇报。

除此之外，还要以现有工作为题，在充分考虑今后的市场经济环境和商业动态的基础上，找出新的商业机会。

公司这么做的目的是希望以这一项目为出发点，将来能够在实际的商业活动中起到作用。目前学校刚办了两年，因此尚未有新的商业计划诞生。

对于下层的年轻员工们，主要针对 liberal arts（人文·教养）进行培训教育。

虽然三越伊势丹最重视现场力，但现场力说到底主要是人的综合素质和人格、人性。针对 30 岁~45 岁的员工，我们主要通过 liberal arts 培养他们的综合素质。目前，我们主要利用暑假进行短期集中培训，今后有必要增加些变化，以多样化的形式来进行。

不论哪个年龄段，最重要的都是"思考能力"和"表现力"。

也就是根据现场实际情况努力思考解决问题的能力，以及将其表现出来的能力。这就是在提高现场力时最重要的能力。我希望所有的从业人员都能掌握这一能力，充分发挥现场力。

"不能拒绝"是导购增强现场力最有效的方法

PROFILE（简介）

中　阳次

（股份有限公司）三越伊势丹销

售总部 旗舰店事业部 三越日本

桥总店店长/常务执行董事

　　1955年，出生于京都府。1979年毕业于庆应义塾大学经济学部，毕业后直接进入伊势丹工作。从女装销售员开始做起，逐步升任为商品营销综合部部长。2005年任销售总部立川店店长，2006年任销售总部商品营销综合部女装综合部部长。2008年3月，任三越百货商场事业总部商品营销综合部女装·杂货综合部部长，2009年6月，任商品营销综合部部长，等等。2011年4月，任三越伊势丹销售总部伊势丹新宿总店店长。2013年4月至今，任三越日本桥总店店长/常务执行董事。

三越伊势丹改为大西体制以来，发生了哪些变化？

中：变化多得数都数不清。比较大的变化有五点。

第一点是，大西社长接受并利用了自己作为"公关人员"的作用，积极地向公众进行宣传和推广。这是至今为止，历代社长都没怎么实践的。社长频繁在公众面前亮相，对于企业来说是非常重要的事件。

比如：Seven&I Holdings① 董事长兼会长铃木敏文先生。虽然这样说有些失礼，但他那种强势的，话语严苛的姿态对于一般消费者而言，绝不会有好印象。但作为同一组织，将公司意图公之于众，是有其重要意义的。一般情况下，公司的战略考虑最多只会传达给部长以上级别。在这一点上，大西社长对外公开亮相宣传公司理念就成为了一个契机，使基层从业人员也能够理解到"原来我们公司是这样想的"。

三越伊势丹对于百货商场这一生意形式，是如何理解的呢？三越伊势丹正逐渐变为敢于将最真实的一面展现给消费者的公司。大西社长一上电视或是接受了杂志采访

---

① Seven&I Holdings 公司是 Seven-Eleven Japan 公司、Ito-Yokado 公司、Denny's Japan 公司在 2005 年 9 月合并成立的新公司。

等，来店顾客的数量就会增加。当然，并不是说顾客正是"看了大西社长上电视了，所以来店消费"，但确实是有很多因为对大西社长感兴趣而来店的顾客。这种宣传效果换算成广告费用的话，肯定是个惊人的数字。

第二点，勇于挑战新事物的气势和风潮，得到了很大提高。由于我们是在严峻的市场环境下做生意，因此拘泥于以往的百货商场的成绩，是没有前途的。大西社长能将之改变，确实是大功一件。

代表性的实例就是"采购和销售"分离政策（参照第1章）。以往的"采购销售一体化"的组织架构只有伊势丹新宿总店才能够成立。我们的销售团队有 26 家店铺，这些店铺无论顾客类型还是地段条件，每一家都不一样，所以买场（卖场）的建设方式自然也完全不同。因此，将"采购"单独分离出来，就能够根据各个店铺的实际情况自由地进行买场建设了。

另外，关于市中心机场型免税店的决策也是一项丰功伟绩。这不仅仅是三越伊势丹的个别事业，而是开启了对新型商业模式的挑战，可以说拓展出了新的商业机会。

第三点是，对于积极开设中小型规模店铺的决策。随着人口的减少，地方经济形势变得愈加严峻，在这种情况之下，百货商场开设大规模店铺的计划无法获得相应回报。但即便如此，作为企业，也必须不断扩大规模、发展壮大。

因此，公司判断还有尚未开发的市场以及符合投资额预算的市场，就组织成立了中小规模店铺的专营部门，加速推进了店铺的建设。按照以往百货商场的经营常识，一般认为，不投入巨额资金开设大规模店铺是没有意义的。但是，如果中小规模的店铺能够分别获取利润，那么从整体的收益来看，也是非常可观的。今后要增加店面数量，把握住这些市场潜在竞争力。

第四点是，无论多小规模的事业，大西社长都会认真关注。包括海外的店铺在内，三越伊势丹有各种各样的相关子公司。至今为止，新宿、银座、日本桥等大规模店铺的业绩良好，因此即使子公司的业绩稍差，也能维持稳定经营。但是大西社长却明确摆出了"不论事业大小，要做就做到最好"的态度。从收益管理的角度来说也是如此，社长连看都不看一眼的项目，是不可能让相关从业人员产生工作热情的。

最后一点就是，把聚光灯打向了销售人员（导购）。我认为这或许是大西经营哲学中体现他个人色彩最浓烈的一点。只要是优秀的导购，不论是本公司的员工还是合作方（供货方）的员工，都会受到"ever green"的表彰

（参照第 1 章）。甚至对于在销售方面非常有能力但却不想做管理工作的员工，大西社长还为这类员工开辟出了一条"高级导购"（参照第 2 章）的职业道路。将现场的重要性以包括员工待遇在内的形式明确地体现出来，这才是大西改革中应该大书特书的地方。

根据大西社长的指示，日本桥总店采取了哪些独特的措施？

中：日本桥总店目前打出了"文化娱乐休闲百货商场"这一理念。来到这家店，能让顾客愉快地购物，这一点自不必说，还能让顾客们欣赏和享受到我们所提供的文化，这是这一理念的出发点。特别是欣赏日本文化是这一理念的根基，因此，首先让在日本桥总店工作的全体员工都能够深刻理解这一理念非常重要。

日本桥店的服饰买场跟新宿和银座店相比，市场份额较小。在从银座和新宿店工作调动来到我店的导购看来，我店顾客数量少，还有人感到失望，觉得"我怎么来到这么个土气的店啊"。

但是，事实不是这样的。这间店是以让顾客欣赏和服文化为目的建设的买场，因此即使顾客蜂拥而至，也无法完美地接待这么多人。能令顾客和导购一边悠闲地聊天，一边品味新的文化，这才是本店的使命，希望我店全体员工都能充分认识这一使命。

在此基础上，我还要强调一下日本桥总店的规定。只有一条，即"不拒绝顾客"。这一条才是增强现场力的最有效的方法。当顾客想要买非自己负责的商品时，该怎么办？为解决这一问题，我店建立了相应的制度。

这就是"店内网"。比如：为避免负责女装的导购被问及食品相关的问题时不知如何作答，我们事先会确定好联络负责人。这样一来，至少在导购被顾客询问的那一刻不会直接回绝对方。向顾客回复说"请您到地下一层询问"，这和回绝对方没有区别。

那么，是自己负责的商品类别，但目前没有货时该怎么办？我向员工指示："绝对不要说没货。去找。"找一找或许伊势丹新宿总店就有货。也或许三越银座店有货。如果还是没有，那也许高岛屋百货店会有货。首先建立能在公司内部搜索商品信息的网络，让导购可以随时搜索，查找。这件事非常简单，因此一定要贯彻到底。

最近，我们又在这一规定里增加了一条，即"销售商品时，应向顾客说明两种以上的使用方法"。这令导购们的能力获得了大幅度的提高。这条规定使导购开始学习服务和商品知识，收集各种各样的信息，并尝试和其他买场之间进行交流和沟通。这么做是因为如果不这样就无法获得顾客的满意和认可。这些规定就是我针对大西社长提出的强化现场力的指示，而采取的独特的具体措施。

在三越伊势丹，前辈们是以什么样的形式将现场力传承给后辈们的?

中：与过去相比，我们的从业人员人数大幅减少了。而且轮班制也已经成为常态，再也不能全体员工同一时间下班了。因此，前辈和后辈们在一起相处的时间也变少了。在这种状况下，基本上没什么传承的时间。而且，百货商场的业绩不良也是个很大的问题。在业绩下滑的情况下，前辈们也没怎么体会过成功的经验，也就更没什么可以教给后辈们的了。三越百货自从冈田事件① （1982 年）以来，

---

① 三越当时的主席冈田茂涉嫌向其情妇竹久美智所经营的"竹久饰物"给予不当利益，及动用公司的资金去支付其家中的装修费用等等，被董事会动议撤消其主席及董事职务。董事会结果以 16 比 0 裁定撤消冈田的职务，冈田被撤消职务后的一句"为什么?"成为了当时的流行语。此后，冈田与竹久二人因涉嫌持有 19 亿日元的不明来历资产而被拘捕。虽则分别向地方法院及高等法院提出上诉，但最终依然被裁定有罪。冈田的审讯因冈田于 1995 年 7 月 20 日死亡而终结。至于竹久的审讯则继续，直至她于 1997 年 10 月放弃提出上诉为止。最终竹久被判入狱两年六个月，以及罚款六千万日元。

业绩也是一连 25 年持续下滑，能够教给后辈们的经验真的少之又少。

为了创造机会，采用"Block 机制"（区域制，事无巨细、毫无遗漏地听取"顾客心声"，并快速实现顾客需求的最小单位的销售基础团队）发挥了极大的效果。通过"职场约定"运动（参照第 1 章），被称作 Block 的团队内部成员间紧密合作。具体内容大西社长会再详细解说，因此这里我就忍痛割爱了，这一机制对现场力的形成起到了重要的作用。

比如：我公司有一个部门叫做三越伊势丹旅行销售部。虽然受到雷曼事件（2008 年 9 月）和日本东北部海域发生的大地震（2011 年 3 月）等严重状况的接连影响，但在雷曼事件以前，业绩一直持续增长。原创商品的人气很高，回头客也很多。这个三越伊势丹旅行销售部在两年前的"职场约定"运动中，发表了如下报告。

"在接待顾客的过程中，应至少直呼顾客姓名两次。"

虽然听起来简单，但因此带来的待客服务质量却发生了质的飞跃。通过规定必须直呼顾客姓名两次，提高了对顾客的"亲密度"。前文提到的"销售商品时必须向顾客说明两种以上使用方法"的规定，也是一位女装销售经理为提高自己买场氛围而制定的"职场约定"。这个买场因而成功地人气飙升，销售额的增长幅度成为第一名。

继承以往的工作方法也是提高现场力的方式之一。但是在日本桥总店，我们的做法是努力创造我们自身的新方法。过去的三越的工作方式有其优点，但这些优点并不完全适用于当下。我们的目标是，使顾客感到"这家店真的与众不同啊"，要达到这个水平才行。为了更上一层楼，必须一边持续不断地进行着新的挑战和尝试，一边为顾客提供新的价值。

说到新的价值，在我就任日本桥总店店长前的 2012年，大西社长建立了一个名为"未来计划"的项目。这个项目不论所属部门，只要自己报名即可加入项目组。目前成员不仅有年轻人，还有已过退休年龄的人和合作方的人。他们提出具体的主题，并开设各种各样的试销售商店进行试验。

比如：从 2014 年 5 月起开始举办的限时"日本桥共享咖啡书屋"。从业人员将推荐书籍码放到总馆的一楼中央大厅，任顾客随意取阅。就是这么一个简单的企划案，却一直顾客盈门。

这种创新的想法能够从未来计划这个项目中诞生，是因为从业人员非常享受自己在各自店铺中的工作。如果店员本身不开心，顾客就不会开心。正因为在店铺的每个地方实施不同的提案，所以百货商场才能形成一个良好的氛围。

2015 年 5 月末开始在本馆 1 层举办的 "日本桥共享咖啡书屋"

第 **3** 章

最重要的知识
是从现场学来的

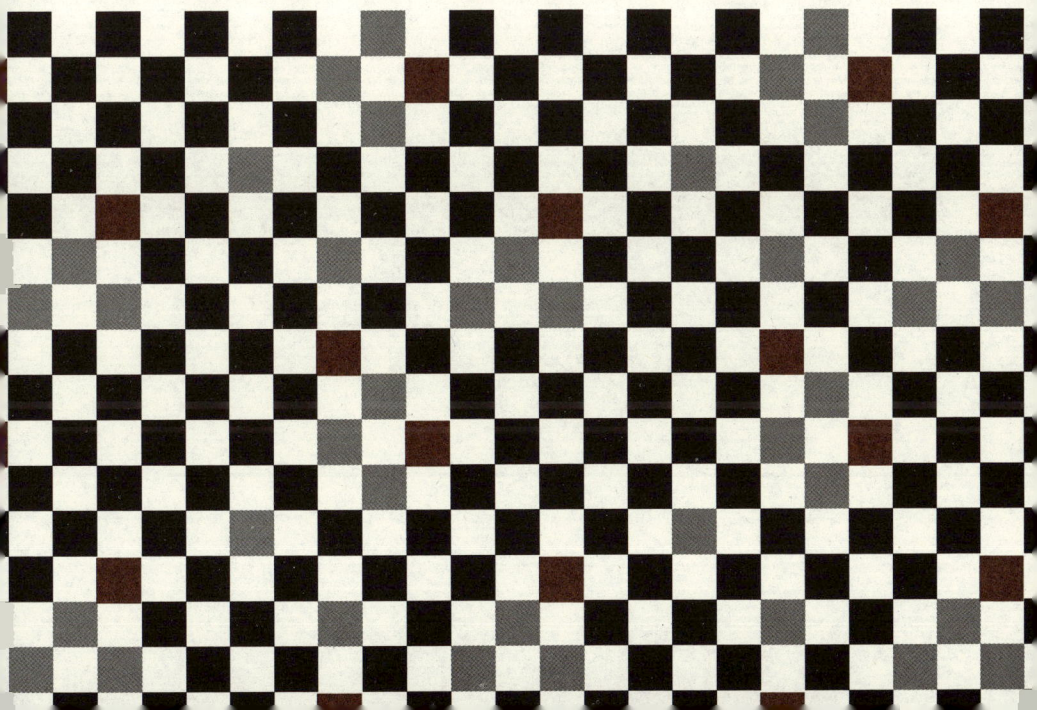

想留在土生土长的东京，就"顺理成章"地进入了伊势丹任职

我进入伊势丹任职是在 1979 年。

但是，我并不是想去伊势丹才去那里工作的。也不是想从事百货业。有的公司想去却应聘不上，有的公司随便试试就得到了内定聘用，经历了这样的一波三折，最后我就"顺理成章"地进入了伊势丹。这还要从我绝不能称为品行端正的大学生活开始说起。

大学时代，我参加了保龄球和高尔夫等好几个社团。而且，因为密集地做了好几份家庭教师的兼职，因此学习的时间基本没有多少。这当然只是我的借口。成绩理所当然地一塌糊涂。得到 A 的科目只有 7 门，而且其中 3 门还是体育科目，是何等狼狈啊。我也没参加任何研究会，不是我谦虚，我是真的勉勉强强、跌跌撞撞地才算毕了业。

在我参加的好几个社团当中，我最上心的要数"六大学赛马联盟"了。

这个社团就只是单纯地召集六所大学的志愿者一起赛马而已，但兴趣高的时候，也在《体育日本》的报纸上写过预测比赛结果的报道。虽然还没到记者写稿的水平和程度，但我开始对体育新闻领域产生了兴趣，开始考虑进入

《体育日本》就职。

但遗憾的是，我毕业那年《体育日本》没有招新，结果梦想就这样草草地破灭了。

从那时起，我开始感到迷茫。就因为喜欢赛马这一单纯的理由，就去应聘了日本中央赛马会（JRA）。虽然递交了简历，但在资料审查这一关就被淘汰。不过，后来仔细一想，这样的结果是理所当然的。

JRA 是农林水产省管辖的特殊法人组织，几乎所有的员工都是公务员出身。基本上只对成绩优异的学生敞开大门。不可能录用一个只拿到 7 个 A 学分的"吊车尾"学生。

《体育日本》没戏了之后，我又去应聘了其他媒体相关的工作，比如富士电视台，但是供大于求、入选率低的电视媒体产业的门槛更高。这家电视台的应聘，我也是在笔试中被秒杀，求职的不顺正是我大学荒废四年导致的恶果。

最后落得没有公司可去，我甚至做好了不得不走后门、托关系来找工作的准备。幸好，我母亲的一位朋友与大和银行（现为理索纳银行，RESONA 银行）的专务董事是伪满洲国时代的同学，有点儿小交情。

"我帮你去求求情。"

我只能忍气吞声，感到很窝囊，最后还是选择了放弃。我对这个工作不积极是因为大和银行的总部（根据地）在关西地区。作为一个土生土长的东京人，让我突然去关西工作，我还是非常抵触的。

另一方面，当时的我还在考虑去当家庭餐馆的店长。当时是 20 世纪 70 年代后半期，正是家庭餐馆这一行业处于不断成长和发展的时期。我也经常光顾家庭餐馆。那时，我感到即使是同一家连锁餐馆，但每家餐馆的服务质量也都有所不同。

那时候，我在家庭餐馆里经常喝水。现在，提供自助水台的餐馆有很多，但过去只有向店员提出"请给我倒点水"，店员才会给你拿过来。然而，在过去，我发现在有的店，店员就像是一直在计算着顾客的喝水速度一样，刚一喝完就会给顾客续上。

有的店，饭菜或水洒了的时候，不用叫店员就会主动过来；而有的店如果顾客不叫就没人过来；有的店，刀叉或汤匙掉到地上时店员立刻就会跑过来处理；而有的店却做不到这点……这一切种种都是由于店长指挥店员服务的质量不同而造成的。想到这一点，我开始想要做与此相关的工作。

从进入伊势丹就职，直到现在我成为了三越伊势丹的社长，我的这一想法也没有改变。因为如果能成为与家庭餐馆同等规模店铺的店长，我就可以关注到店内的方方面面，彻底地把控店铺的服务质量和细节，这非常有意义。

当时我常去的餐馆是 Royal Host①。我经常去那里的最大理由是因为，那里的"生姜烧猪里脊"这道菜非常好吃。

小时候，我家有段时期经济上很困难。那时和我们一起住的姨妈家却很有钱，每到吃饭时从她家飘来的炒猪肉的香味对儿时的我来说是一个十分悲惨的记忆。对我来说，不论是当时还是现在，猪肉都是最美味的珍馐佳肴。

对 Royal Host 感兴趣，或许也是因为他家的"生姜烧猪里脊"很好吃。想去 Royal Host 工作的想法与日俱增，我就和大学同学一起参加了入职考试。这次一鼓作气闯关成功，最后得到了公司的内定聘用。

我这个一直为求职活动所苦的学生，忽然一夜翻身，

---

① 乐雅乐餐厅，日本著名家庭餐厅。

同时被大和银行、Royal Host 两家企业下了聘书，简直高兴得忘乎所以了。这时，一位熟人对我说了以下一番话。

"如果你想要去 Royal Host 这类与顾客打交道的行业，那伊势丹百货商场的劳动条件更好哦。机会难得，你不如去试试?"

伊势丹在 20 世纪 70 年代后半期实行的是周休两天制。或许是因为工会的力量非常强大，因此确实给人以劳动条件较好的印象。而 Royal Host 的总部在福冈，跟大和银行一样，都需要离开东京，对这一点，我也十分纠结。

结果，最后我还是想留在土生土长的东京，不知不觉、"顺理成章"地就决定了到伊势丹工作。

20 几岁的时候，作者（左）曾在公司运动会上担任旗手

▮▮▮没能解决入司时的课题，因此失去了收益力

不论劳动条件再好，都与工作的严酷无关。

我刚入司时被分配到了新宿总店的新馆（现在的男装馆）一楼的男士轻便服饰买场。当时的名称叫"休闲服饰"，专卖包括夹克、衬衫在内的所有轻便、舒适的男装。

对于刚刚进入伊势丹就职的新手来说，工作繁杂。工作包括整理仓库、将滞销的商品退货给供货方（合作方）、摆放陈列新进的货品等。

当时，新宿的三光町（现位于伊势丹城市公园 1 区内某处）是配送中心和仓库。店铺需要退货的商品在清点完数量之后要装进集装箱，再送往仓库。一旦货物送出，就需要马上跑到仓库，等商品到达仓库后再自己检查一遍商品，此时才算彻底将商品退还给了供货方（合作方）。

另一方面，每天合作方都会送来新的商品，我要在仓库将进货的商品清点好，确认是否与单据上的数额一致，然后还要将商品陈列摆放到店铺里。

这一切工作都需要我这个新员工一个人做，但当时的

销售经理秉承"总之销售很重要"的原则，因此严格要求我务必将这些工作在正午之前完成。也正因此，我得以在正午之后直到打烊之前都能够在店内站着服务。

我进入公司时，和我一起分配过来的，是一位年长我一轮的助理销售经理。这位女员工工作非常严格，每天都要专门检查我的销售额情况。

这个时间太恐怖了。

店铺马上就要打烊前，她会让我去休息区，一边看售出的商品标签，一边具体地查问。销售能力不足、缺乏商品知识、自己在店内的销售技巧（商品展示和陈列方法）不够，她会在所有方面向我提出各种问题点，并询问我应该如何提高销售额。

销售额低迷的时候如何改变店内细节才能让商品销量变好？我自己也做了些尝试，无奈我的知识和经验不足。说起来，一个刚进公司的毛头小伙子，是不可能知道那么多的。

还有一位优秀的女上司。

她也是一名助理销售经理，不仅销售能力超群，对于如何展示商品这种形象化广告也是得心应手。这位女上司在工作中的严厉程度一点儿不输于刚才提到的那位助理销售经理,因此,我在商品的展示方法、陈列方式上受益良多。

也就是说,对于现场力的根本,即商品的销售能力和展示能力,我在入司一年时间内就已经彻底地掌握了。

这两位女上司对于商品的销售和展示要求非常严格,但在"计数"方面却不会喋喋不休。所谓"计数",是指销售额和盈余、库存等所有收益管理相关的计算。

对这一方面要求非常严格的是销售部长和商品部长。

每天店铺打烊以后,都会进行计数管理的工作,如果销售额不理想,或盈余较低,或是库存太多的话,我一跨进办公室就会有一样东西向我飞过来。

"怎么回事啊!你这家伙!这数字怎么回事!"

我捡起那件飞过来的东西一看,原来是写着计数金额的厚厚一本硬边儿的账簿。这样的事情每天都要上演,因此去办公室也成了我最恐怖的记忆。

这一系列的日常状态体现出了销售阵营和商品阵营的纠葛和冲突。

那两位严厉的女助理销售经理是销售阵营的。重视销售和展示就是证据。

"你才进公司一年，所以不用做商品方面的工作。总之先在店里做销售，磨练磨练。"

她们要求我站在这个立场上去工作。

而另一方面，销售部长和商品部长则要属商品阵营的了。这个精锐部队是采购人员，采购人员希望尽早将我这个新手培养得能独当一面，做一些计数、预算、库存调整等辅助工作。

"总之计算出数字是采购人员的职责，只要能保持住销售额和盈余以及库存之间的平衡就行。"

正是由于他们站在这个立场，因此在我做不到这一点时才会对我生气，在办公室对我扔东西。

也就是说，"提高销售能力""采购和销售分离""采购模式改革"等课题，从我入司以来就已经变得表面化了。正是因为没能解决这个课题，百货商场才失去了盈利能力。

绝对不能对顾客说"这个商品没货"

在我二十五六岁担任助理采购人员时发生了这样一件事。

伊势丹百货的男装商品中，有一个厂商的商品经常缺货。这说明商品卖得好，这点毫无疑问，但这个现象也不太寻常。我每到休息日都会去竞争对手的百货商场考察，所以一找这家厂商的商品，就发现西武百货商场陈列了不少货。

于是，我还曾自掏腰包在西武百货买这款商品，然后拿回去陈列在自己的店里。

当然，我虽说是自掏腰包，擅自行动了，但是我也就买了一两件，并没有花多大的金额。不过看到了我这一举动，那个厂商就慌忙给伊势丹送了不少货过来。

我也向当时的上司做了事后报告，对方也认为"这种事就交由你现场判断如何处理即可"，而没有责备我。

在 20 世纪 80 年代，还是一个西武百货比伊势丹百货更强大的时代。由于系井重里①所作的"美味生活"的文案而使走在时代前端的西武集团受到了社会各界的广泛关注。我们也将西武百货池袋店和涩谷店视为竞争对手。一时间，厂商纷纷舍伊势丹而优先给西武供货。

能否优先得到销路好的商品供货，这体现了合作方（供货方）对百货商场的忠诚度。最优先地将商品供货给

---

① 日本著名撰稿人，散文家，艺人，词曲作者。文案撰稿人。

自己最信赖的百货商场，从某种意义上讲是理所当然的。因此，对方是否有伊势丹没有的商品，是否有伊势丹缺货、断货的商品，从这两点来判断谁是竞争对手店铺是最准确的。

但是，不是我偏心眼，我真的没看出我们跟西武百货有多大的差距。甚至可以说，从销售额来看还是伊势丹更胜一筹。

但尽管如此，西武百货拥有伊势丹没有的商品，说明了伊势丹对待厂商的方式方法有问题。因此我为了能够切实地进行抗议，才亲自去对手店铺亲眼做了确认。而事实上，我的方式也确实获得了商品的进货。真是有趣。

原本我是个十足的急性子。一旦有我无法接受的事，就必须一究到底。

"为什么给西武进货却不给我们伊势丹进货？"

我对这种情况绝不会敷衍了事。特别是在周六、周日，销路好的商品必须要备好100~200件的货。

有件事我至今难忘。

由现任日本职业棒球读卖巨人队教练原辰德作为形象

代言人的服饰品牌 ONWARD 樫山①推出了一款名为"暴风"的男士夹克。这款商品每到周六日每天都能卖出 200 件左右。因此一旦断货，就根本无法与其他百货商场竞争。

ONWARD 樫山的仓库在当时也有一个区域是"伊势丹休闲服饰"的。在那里放置要给我们供货的商品。但是，这里我就特意略去对方名字了，某家百货商场的销售负责人曾去那里取走了我们的货。销路好的商品总会上演争夺战。为了防止被横刀夺爱，我自己每周五都要去仓库亲自核对数量，自己监管出库，一直跟到店里收货为止。

努力奋战到如此地步，正是因为刚才我说的这些理由。不过说实话，我害怕被助理销售经理骂才是最大的理由。之前我给大家介绍过，她是一个很严厉的人，如果销路好的商品没有备齐货，我一定会被骂得狗血淋头。因此，不管怎样我总要先努力将销路好的商品备齐货。

在当时，比起进货量超出必要的数量而出现卖不动的现象，没有备齐货品才是大问题。没有商品可卖是很痛苦的。而且助理销售经理还如此可怕。她非常有能力，虽然

---

① Onward Kashiyama Co, Ltd, 日本服饰公司。

并不是采购人员而是负责销售的，但只要她跟合作方（供货方）打声招呼，就能够拿到货。正因为自己是这样的人，因此一旦下属做不到，自然会发火。她大概有自信只要是进了货，就一定能卖光吧。

总的来说，好不容易顾客临门，就绝对不能对顾客说"这个商品没货"。当时缺货、断货就是这么不可原谅。

▊▊▊ 旁观者清，对百货商场来说现场才是原点

旧话重提。我转做助理采购人员是在进入公司第四年的时候，也就是 1982 年 4 月。

在店面里有销售经理，其下有助理销售经理，再之下是导购。如果我一直在店里做现场销售工作的话，估计过个几年也能带下属了吧。

但是，在商品方面有采购人员，其下是助理采购人员。这两个职位即为一组，助理采购人员没有下属。

因此，我第一次有下属是在 1985 年 4 月，我在新·吉祥寺店开店准备室任职时。

新·吉祥寺店开店准备室只有五名成员。这个团队是

为完成第四任社长·小菅国安给出的任务，即"将吉祥寺店打造成全球通用的专卖店"而设立的先头部队。其中只有一名比我小四岁的优秀女员工是我的下属。

她确实非常优秀，使我受到了文化冲击。我直到那个时候才算积累了相关的不少信息和常识，但她年纪轻轻就已经是个万事通了。

"最近代官山的这家面包店很火。"

"自由之丘的这家杂货店很不错。"

或许，她在大学时代就去过这些地方吧。与她相比，我入司以来有六七年都在男士商品部，关于食品和杂货等流行的事物全然不知。

平时聊天时，她也会想到各种各样的点子。在我觉得这个人真了不起的同时，也深深感到了不甘。

"我不能这样下去了。"

因此，我直到现在，仍坚持外出搜集信息，找找哪里的面包店生意红火，哪里的饭团好吃等。我坚持这一行为的原动力，就是受到了当时那份不甘的影响。

新·吉祥寺店最终没能开店。

直到最后仍有一户人家无论如何都不同意拆迁，因而开店之事只好作罢。后来，我作为店铺开发负责人，负责考察郊外的店铺。

这个所谓的店铺开发部门，是一个与销售完全分离的部门。脱离了销售现场，我旁观者清地明白了一个道理，那就是对于百货商场来说，现场是原点。

脱离了销售现场，在与各种各样的人打交道的过程中，我发现有很多人说话全然无视现场，这让我深受打击。百货商场是靠店面里的销售人员努力工作，从顾客那里挣到钱，才能经营下去。尽管如此，却有很多人撇开销售现场，而大谈特论"所谓经营"。我强烈地感到这样是错误的。

当然，管理经营之道的人也很重要。我也知道没有这种人，公司将无法存活。但是，我不能允许有人完全无视现场的重要性而却在高谈阔论。正因为我们已经离开了现场，因此今后更应该将现场的重要性挂在嘴边。我意已决。

▇▇▇▇ 首先在马来西亚实行根据销售额支付薪酬的制度

为了开发店铺，我在对千叶和北千住的开店可能性进行评估时，自己提出了工作调动的申请。既然新·吉祥寺店开店无望，我就希望能够重回现场。

对于这次的工作调动申请，我的本意是希望能回到男士商品部。因此是做采购人员也好，销售经理也好，只要能在现场干劲儿十足地工作就行。但是，当时的店铺开发部部长却如此回答。

"你想要调动工作是吧。那就去外国锻炼学习一下吧。"

就这样我赴马来西亚工作的事就定下来了。那是1991年4月的事情。

后来我仔细想来，当时"Isetan·Of·Japan（马来西亚）"的现地法人是我在男士商品部时的领导。我在担任助理采购人员时，采购人员就是这位社长，好像是这位社长点名要我过去，这才是事情的真相。

我在那边就任总务部部长。因为没有总务部的工作经验，所以我感到非常不安。与此同时，我还对此感到疑团重重，即"我想去做现场，为什么让我来总务部啊"。但是到了当地，社长一开口，就说了下面的话。

"马来西亚的总务部就相当于销售总务部。虽说是总务部，但却是销售性质的总务部。"

这和我的初衷不谋而合。总务部长并不只是针对员工进行业务管理，而应该是一个支持和辅助店铺销售的总务部。当地的环境让我可以顶着总务部长的头衔到店里去实战，确实让我学到了很多。

当时的社长，总的来说是一个肯让下属尝试新鲜事物的人，因此我在那里如鱼得水。马来西亚的首都吉隆坡有一个超高建筑——国油双峰塔①，我们在其底部的翼楼KLCC（Kuala Lumpur City Centre）阳光广场内部开设了一家店铺，直到最终签约我都一直参与其中。最终合同规定，晚上的销售时间可以一直持续到次日凌晨四点。

从店铺整体业务的意义来说，我也积累了现在的社长职位的相关经验。

会计核算和日本完全一致，B/S（损益平衡表）、P/L（盈亏平衡表）、现金流都要每天核算。这些表格和计算以前我从未接触过，因此，在这儿也学到了很多。

关于人事管理问题，也比较能放开手脚，引进了从以前就开始筹划的"绩效工资制度"。正如前文所述，根据销售额支付薪酬的制度是最先在马来西亚开始实施的。

---

① 也叫吉隆坡石油双塔，曾经是世界最高的摩天大楼，但现今仍是世界最高的双塔楼，也是世界第五高的大楼。坐落于吉隆坡市中市（Kuala Lumpur city centre）简称KLCC计划区的西北角，属于此计划区的第一阶段工程。

在马来西亚工作的时代，当时积累的宝贵经验也有助于现在做好社长一职

◼◢◣◢ 从马来西亚归来，痛感"采购模式改革"的必要性

那好像是 1994 年 12 月时发生的事。

当时的副社长到马来西亚出差。当时，我有幸跟副社长聊了很多。话题涉及到了我今后的发展和前途。

要一直留在马来西亚直到新店开业？

回到东京去海外事业部工作？

还有其他想去的部门吗？

幸运的是，我当时有好几个选择。

对于我来说，因为全程参与了 KLCC 阳光广场开设店铺的相关事宜直到最终签署合约，所以也希望能够在马来西亚留到最后见证这一光荣的时刻。但是，直到最终签署合约，已经过了三年时间，这之后要想正式开业还需要三四年的时间。总的一算就要在马来西亚呆上大约七年。

"在外国呆七年啊……那要再回国的话可能会有些不适应了吧。"

虽然这件事半途而废我也心有不甘，但还是对副社长如此说道：

"请让我回到男士商品部吧。"

从就任助理采购人员，到做了店铺开发，之后又调动到了马来西亚。我脱离现场零零碎碎加在一起已经过去了十年。在这期间，我想要回到男士商品部的愿望却始终积淀在心中。为了实现这一愿望，就只能抓住这一时机了。

"我知道了。"

副社长这样回答后，就让我回到了入职后就被分配的新宿总店新馆一楼的买场，担任采购人员。那时我四十岁（1995 年 2 月）。

距我就任助理采购人员时，此去经年。不论组织架构还是工作方式都有了很大变化。当然时代的变化也很剧烈，流行的趋势也发生了改变。我记得为了适应这种变化，我还受了不少罪。

重新回到现场，我发现不能否认我在马来西亚这四年确实是一段"空白期"。但是，既然我已经一意孤行地重新回到了买场做采购人员，就只能自己努力去做好。

在我手下有两名助理采购人员，我从他们那里也得到了不少的帮助。现场还真是去了才知道不懂的事情太多了，于是我开始日复一日地在周六日到店内一边销售一边学习。导购中有很多优秀的女员工，我记得自己也从她们那里学到了很多东西。

当时我们会录用一些短期大学毕业的女员工，不过现在已经不再录用这类员了。我作为采购人员回归到现场的时期，正是这些入职七八年的女性导购们大展实力的时期。

因为她们非常有能力，所以即便我这个采购人员能力不足，采购了一些奇奇怪怪的商品回来，这些优秀的女导购们也会努力地将商品卖出去。那两年我一直被这些女员工们帮助和教育着。

再之后，我做了两年的西装采购人员。

现在虽然已经没有了，但当时有一个不成文的说法，即在男士商品部"没做过西装采购人员就无法独当一面"。其根据就是，做过休闲服饰和西装的采购人员之后，就能够学到所有商品知识和服装制作的要点。

因此，要想成为一名男装采购人员，当时必不可少的一步，就是要有西装采购人员的工作经验。我意识到与采购相关的模式改革的必要性也就是在这个时期。

"卖了一百万日元的商品，利润只有一万日元。"

我刚入司没多久，就听到上司如此说。我在现场工作了多年，这一事实依然没有改变。从我担任助理采购人员时起就觉得，一直按照这一模式做生意，百货商场的利润是不可能提高的。

要说销售利润率的话，估计还不到2%。我觉得，再怎么说是待客服务类的生意，这么低的利润率也有点离谱了。

"等我当上了采购人员，一定要增加买进商品的量。"

久存于心的这一想法终于让我在一楼的买场做了实际的尝试。所谓买进商品，就是指不能向合作方（供货方）退货，由百货商场负责销售的商品。而相对的，百货商场的利润率就能得以提高。

在伊势丹，在商品买进的问题上，采购人员被赋予了足够的权限。商品部长和销售部长也不会对此置喙。因此这一举措才得以实施。甚至可以说，与其关注是不是买进商品，不如担心一旦买进了奇怪、难卖的商品，店内的女导购们会强烈抗议，这才更可怕。

"这是什么？这种东西怎么卖得出去?!"

幸好，我从来没受到过这种指责。

▓▓▓ 为使领导认可男士商品部的价值，坚持每天汇报实际业绩

在光临百货商场的顾客中，相比男性顾客，女性顾客要多得多。光顾女士商品类买场的顾客数量也大大多于光顾男士商品类买场的顾客数量。这是不争的事实。

因此，在销售额方面也是女士商品凌驾于男士商品之上。这种结构在伊势丹也没有任何改变。在这个大趋势下，公司内部也是女士商品部门的优秀人才较多，投资也多倾向于女士商品部门，这一组织结构一直延续至今。

"男士商品就是体育类的商品。"

女士商品部的人经常这样评价男士商品部。对于男士

商品，大家就是持有这样特别的观感，虽然也不能说是他们看不起男士商品部，但态度确实是居高临下的。

当时我的上司和同事们都是老好人，但唯有这一点，大家都无法接受。常年在男士商品部任职的我强烈地希望尽可能地提高男士商品部的地位。

为此，我该怎么做呢？

经过了多方尝试，我终于找到了一个可行方案。那就是，向当时的社长武藤信一坚持不懈地汇报男士商品部的情况，哪怕再琐碎的事情都无所谓，只要让社长能够更加了解男士商品部就行。

武藤社长虽然也是从女士商品部做起，逐步升上来的，但只要你说的话有道理，他就会听进去。在这样的对话中，我发现自己逐渐搞清了什么才是必须去做的。

当时，每次我作为商品部长出差，都会不厌其烦地去拜访制鞋工厂。在我任采购人员的时候，每年都会去拜访一次英国的老牌制鞋工厂——爱德华·格林。

"能否让您的商品入驻我们店呢？"

这样的请求，我每年都会去游说两次。我想要进一些真正的好东西，卖得好之后给公司上层领导看看。这就是我的初衷。

如果不做出点实际业绩，就得不到上面的认可。反过来说，只要向上层拿出实际业绩，男士商品部的价值就会逐渐得到认可。

不过百货商场每过一定的时间，就会对买场进行"翻新改造"。顾客们的喜好总是瞬息万变，因此如果百货商场的买场还总是一成不变的话，就无法向顾客提供新的价值。

我们男士商品部也一样，每年都会提出翻新改造计划。但是，正如上文所述，伊势丹是女士商品部比较强势，因此男士商品部翻新改造的顺序总是靠后。但是，我们通过引进优质商品，并切实提高销售额，坚持不懈地向上层展示实力，翻新改造的优先顺序终于一点点地提前了。

其突破口还要数爱德华·格林制鞋工厂。

为什么是鞋呢？原本鞋、衬衫、领带、公文包这四大类男士用品都是从国外的工厂直接买进。说到畅销商品的价格区间，领带为2~3万日元，衬衫在3万日元左右。但是，鞋子却比较特殊。15万日元左右的高价男鞋能一百双一百双的卖出去，因此我们认为是较为特殊的案例。

而且，当时绝对不能算是经济景气的时代。一般男鞋最畅销的价格区间在 2 万日元左右，但这其中 15 万日元左右的爱德华·格林却卖得如此好，充分说明了其潜力之大。

在此期间，我升任为销售部长。

之后想来，或许在那时，武藤社长就已经在心中决定要给男士商品部进行翻新改造了。其证据就在于，在我升任的同时，综合管理部部长也换人了。注入新鲜血液就能带来新的气象。社长或许是这样想的吧。于是，我就和那位新上司以及下属们一起研究制订了翻新改造计划，并向董事会提交了方案。

▰▰▰ 抱着不成功便成仁的决心进行了"男士馆"的翻新改造·重新开业

伊势丹在 1968 年开设了"男士新馆"。

但是，我回归为采购人员时正是男装量贩店的全盛时代，男士新馆失去了吸引顾客的向心力。不过，执着于传统销售方式的顾客是绝对存在的。这类顾客还是会到男士新馆来购物。我坚信这一点。

事实上，当时东京市内 23 个区的所有百货商场男装的销售额总计约 1200 亿日元，其中男士新馆的年销售额约为 300 亿日元。也就是说占总额的四分之一。也就是说到百货商场消费的男性顾客中，有四分之一的人，相对于一般的顾客，是对我店绝对忠诚和眷顾的顾客。我如是认为。

不过，在这 300 亿日元的销售额中，约有七成，是由女性代为购买的。因此，可以说自己亲自到男士新馆购物的三成男顾客，是更加忠诚和眷顾于我店的顾客。能抓住这些顾客的胃口，并愿意掏腰包购买的，不正是爱德华·格林吗？

顾客的购买倾向和我们投入资金改造的时机是恰好吻合，还是顾客早已动了心我们却没有意识到？我们对此无从判断。不过，在进行翻新改造之前的五年，我对此进行过验证，因此至少在我担任西装采购人员的时候是能够抓住这些征兆的。

"如果能够打破现有的价格线，就一定会有商机。"

确实，社长做决策的速度并不算快。

不过，男士商品行业的整体状况不容乐观，在此情况下还能够下决心投资 45 亿日元，真可谓是英明决断。但是当时的分析师却指出这一决策是错误的，对此武藤发了好一通牢骚。

"他们说我们只不过是碰巧获得了成功，当时给男装部投资约 50 亿日元的判断到底还是错误的。即使是在我们做出成绩后他们还是这么说。"

从这个意义上来说，这或许是一次反常规的、近似赌博式的判断。然而这一决策对于开辟男士商品的市场却有着非常重大的意义。

作为翻新改造的条件，武藤社长提出了如下要求。

"将现有的 25% 的市场份额提高到 33%。"

然后，他又追问；"有决心吗？"

2003 年 9 月，经翻新改造重新开业的"男士馆"

毕竟这是一项近 50 亿日元的投资，他当然要问一问，提出该方案的负责人是否有决心。我们毫不犹豫地回答了他。

"有决心。"

这不是为了表决心而摆摆样子。真的是因为至今不被看好的男士商品获得了社长的关注，还为此赌上了这么大的金额，所以如果不能把销售额提高到预定目标，我就辞职，我抱定了不成功便成仁的决心。不仅是我自己，当时我的上司和与我一起奋战的下属们也都是同样的想法。

对于提高销售额的决心就不用说了，对于如何进行店铺建设，我们也下定决心勇往直前。我们建设店铺的基准就是广受好评的纽约超一流购物商场——波道夫·古德曼（Bergdorf Goodman）[①] 的男士馆。

彻底按照当初的预想进行店铺建设，对此我们已经做好了相应的心理准备。也就是说，只要能够贯彻执行到底，就一定能够提升销售额。从这个意义上来讲，我们也不能妥协。

---

① 波道夫·古德曼（Bergdorf Goodman）是内曼·马库斯（Neiman Marcus）集团旗下的时尚精品店。集世界首席设计师之名牌于一堂的波道夫·古德曼（Bergdorf Goodman），是美国著名的时尚传统百货公司之一。

但是，项目计划并没有那么简单顺利地进行下去。

这是因为设计师总是无法彻底把握和理解波道夫·古德曼（Bergdorf Goodman）的形象和感觉。因为我们还需要打造出馆内日常用品的统一感，所以想要让自己的商品与其他店有所区别和差异化的合作方也无法理解我们的做法。在上司和团队成员之间，也因意见不合而每天都在上演激烈的辩论战。

我们的苦心没有白费，2003 年 9 月，"男士新馆"改名为"男士馆"，正式翻新改造完成并重新开业，势头良好。第一年度销售额同比前一年增加了 10%，次年又创造了销售额提升近 400 亿日元的好成绩。

东京市内百货商场的男装总体月销售额目前仍保持在1200 亿日元没有变化。作为翻新改造的条件，我们与武藤社长定下的将"市场份额由 25% 提高至 33%"的约定也顺利实现了。

■■■■ 对于三越伊势丹来说，提升品牌形象的事情应由社长亲自去做

对到店内光临惠顾的顾客，我认为必须尽可能由我这个社长亲自出面致以欢迎和问候。

这与顾客消费金额的多少无关。比如：对于买了十几万日元的鞋子的顾客来说，如果不仅是负责销售的导购，连社长都亲自出来接待，这给顾客留下的印象绝对是不同的。对于三越伊势丹来说，提升品牌形象的事情应由社长亲自去做，我也是这么认为的。

就连现在也是，如果没有别的预定日程，我都会在周三和周六到店内接待顾客。

周三我会到新宿店。因为周三是买场上新商品的日子，正好可以借机看看新买场的整体感觉。

周六我固定会在新宿店之后去银座店和日本桥店。在休息日去买场视察，到底还是作为一个百货商场从业人员最基本的工作。不过最近，我周六还有很多别的行程，所以不能每周都去，十分遗憾。

至于分店，我每年每家最多去两次。我家附近的伊势丹府中分店和伊势丹立川分店倒是想起来就会偶尔过去看看，其他分店要想抽出时间去的话则比较困难。

说是去店里，但绝不仅是去看一眼而已。

对我来说，我到店里去的时候，就会像我在当销售部长和立川分店店长时一样，以店铺管理者的角度去现场监督。这样一来，就会发现很多细节的问题。

之后我就会给店长发短信，说"我发现有这样的情况，是不是不太正常"。这可能会给大家带来不少困扰吧。

不过，即便如此我也不得不继续这样做。之所以这么说，是因为如果我不说，对顾客来讲就是我毫不在乎地将这些"不像话的地方"放任不管。

当然，这些不好的现象也不是频繁地发生。但是，这种偶然发生的不好现象一旦被顾客看到，他们就会认为这是这家店的常态。我们绝不允许此类事情的发生。正因如此，我才必须开口。

就在最近，我发现在新宿总店一楼的"the stage"这一位置旁，放置了一张桌子。那张桌子是周三上午在那里举行招待会时使用的，但第二天我回国后到店里去时，却发现已经过了一天，那张桌子却仍被扔在那个角落没人管。

或许，现在各商场会发行各种类别的商品目录册，因此在买场的各个角落都会设置柜台放置这些册子以供顾客"自由取阅"。这个桌子上则没有摆放任何册子，就这样放着。

我用智能手机将当时的情景拍了照，并用 LINE① 发送给了 30 多个导购和经理班子。

"这个事儿，你们怎么看？"

这件事发生在新宿总店，这本身就让人难以置信。既然发生了这样的事情，我就不能默不作声。

"买场像现在这样能行吗？"

我再次重申，这样的事情并不是每天都会发生。但是，对于大家毫不在意的态度，我非常担心。

重视买场的态度，今后我还会有意地传达给所有员工，即使让大家觉得麻烦、讨厌……正因如此，今后我还会坚持去买场走走。

---

① 相当于日本版微信。可以免费短信、语音通话的便捷聊天工具。可发送照片、便签、定位信息、从 1 对 1 的聊天到最多 100 人的群聊功能，免费语音通话。

第 **4** 章

证词　现场员工感想

‖ 本章宗旨 ‖

大西洋社长所标榜的现场力——

到底，在三越伊势丹的销售现场被落实到了何种程度呢？

现场的员工们在日常工作中有多重视现场力呢？

作为编辑部，无论如何都想要搞清楚这些问题。

为了调查取证，我们对多名员工进行了采访。

接受采访的是三名员工。其中有一名男性，两名女性。这三名员工都是在现场销售第一线与顾客和合作方打交道的人。

我们从他们身上了解了很多。但是，因为篇幅限制，所以不能将所有的内容都写进书里面。实际登载到书里的其实是很少一部分，但三越伊势丹百货商场这一品牌是如何被现场支撑起来的，为了让读者认清这一不可动摇的事实，我们所记录的这些内容希望能供以参考。

联手接待顾客，公司内部紧密联合。这是本公司导购的特质。

太田　朱美
三越伊势丹三越日本桥总店 生活·IDS 事业部高级导购/室内装饰协调专员

▮▮▮ 不仅要在店里接待顾客，还必须登门拜访的行业

在三越伊势丹，有句话叫做"人即财富"，这句话时不时就会制造出点话题。

这里所说的人，当然是指顾客，不过另一方面也指导购（销售员）。为了人，即顾客，同样为人的导购发挥出最高水平接待顾客。感受到这份高质量服务的顾客就会获得满足。这才是真正的服务。

我目前在三越日本桥总店五楼的"IDS（interior·design·service）"部门任高级导购，主要负责接待顾客对于改建和室内装饰搭配等的咨询工作。我一直牢记一点，即所有的顾客都是不一样的。生活方式不同，他们所居住的家也有所不同。因此，我平时都会注意提出的方案必须要适合顾客家居、家庭成员、喜好等包含顾客周围所有环境的生活方式。

能够在自己家里打造出自己喜欢的空间，这会让顾客感到十分喜悦。理想状态虽然是能将生活空间整体都打造成自己喜欢的样式，但我认为哪怕只改变一件沙发也好，一条毛巾也好，甚至一个茶杯都可以。生活空间中即便仅仅改变了一件物品，只要能让人感到"啊，这个真不错"，就能让你的生活方式变得更加丰富多彩。

为此，思考如何了解每一位顾客的生活方式，这位顾客所期望的是什么，为其提供何种服务才能令其满意，这样的意识必不可少。这，才是三越伊势丹的导购能够提供给顾客的价值。

有一个词叫做"咨询销售"，说到不详细了解顾客的生活方式就无法成立的部门，生活部门的世界或许是百货商场里最具代表性的。而且，不仅要在店内接待顾客，甚至不亲自到顾客家里拜访，就无法真正理解顾客需求。在谈论生活方式这一很有深度的问题之前，说到生活部门的特性，原本就容易发生一些意想不到的事，比如因为没事先去顾客家里而导致推荐给顾客的家具搬不进去。

以往就真的曾经发生过配送员送货时，家具进不去玄关的事情。如果仅在店内接待顾客，顾客只要说"我想买这个"，就只能卖给对方。但是，我们是让顾客花了高价购买商品的。有的顾客即使只是换一套沙发，也有可能是考虑再三才决定买的，一想到要送货到家了，也许从前一天开始就高兴得睡不着。可我们的家具居然搬不进去家门，发生这种事，则称不上是具备现场力的优秀导购。

"为什么不向顾客要求提供居所的平面图？为什么不问清玄关入口处的尺寸？为什么不去实地测量？"

"今后一定要去上门拜访，测量具体数据。连顾客都特意到店里来了，我们没理由不亲自跑一趟吧？所以一定要去拜访。"

从此以后，实际到顾客家登门拜访的导购增多了。目前，关东地区临近的市县我们都能去拜访。上门拜访的范围扩大到了轻井泽、仙台、新潟等地。

太田女士作为高级导购的工作所在地：日本桥总店 5 楼的"I·D·S"

在地方和各分店，都有年消费金额巨大的"VIP"顾客。

对这些顾客来说，地方和分店的生活买场面积又小，商品品类也不全。这不是分店的责任，原本地方和分店就基本没有独自负责整个独栋建筑家装工程的机会，因此也没必要将商品品类准备得那么全。

不过，其中也有的顾客会提出"请负责装修我家的整个独栋建筑"的请求。当时，有人联系了我。

"这位顾客非常重要，这单能做吗？"

虽然不是我的顾客，但我还是认真对待并提供了服务。

"如果不在我家店里买家装饰品的话，我就不能接单。"

这种态度在三越伊势丹是不存在的。三越伊势丹为了满足顾客需求，已经超越了店铺的局限和限制。我也没有拘泥于顾客是哪个导购负责的，而只是为了能够使顾客满意而诚心诚意地为顾客进行了服务。

大西社长所说的现场力，我认为就是有能力的人不仅仅要为自己一家店铺考虑，而应为了整个公司发挥自己的能力。这样一来，对顾客来说，想要购买满足自己生活方式的家装商品时，就能在三越伊势丹进行一站式的购买。总之，现场销售人员如果能为满足顾客需求而竭尽所能，这不论是对顾客还是整个公司来说，都是双赢的好事。

这样做的，不止我一人。

当时，在女装和男装系统中，哪家分店的哪种商品有多少存货，这些信息都是一目了然的。即使自己的店铺全部卖光，也能从其他家店调货。不想把热卖的商品轻易让给别人是人之常情，但我们这儿从没发生过。

这就是三越伊势丹的"联手接待顾客"的方式。

联手接待顾客，公司内部紧密联系。这是我公司导购的特质。我们能为顾客做些什么。只要把这一理念作为最优先考虑的因素，那么"联手接待顾客"就能得以实现。另外，还有身先士卒的态度。不去纠结该谁去做，而是自己首先主动去做。自己不作表率，就不会有人紧随其后。坚持不懈地这样做，自然会逐渐影响他人，令他人效仿，使这一特质不断地延续下去。

▮▮▮社长深入基层、亲临现场，导购会深受鼓舞

说起来，公司规模如此之大，一个人是无法单枪匹马地做工作的。

每个人都要在组织的保护、帮助和支持下，才能够进行自己的工作。无论是谁，只要说了"我们试试这样做吧"，就会有人响应说"这个点子不错啊"。所有的课题和难点都是大家共同克服和实现。我认为这就是现场力。孤身一人再怎么摇旗呐喊，再怎么孤军奋战，也绝对无法凭一己之力卖出商品。将优质的商品进货、备货，定好合适的价格，然后由导购认真仔细地销售出去。这就是百货商场工作的真谛。

有一点或许鲜为人知，那就是三越伊势丹在物流方面也堪称一流。

　　特别是在室内装饰方面，我们有专门的配送员开着印有三越 LOGO 的货车送货上门。所有配送员都是经常搬运家具的人，因此安装家具时也能按照我给的图纸分毫不差地安装到位。在细节问题上，我们的配送员都穿白袜进行施工。这是考虑到顾客的居室卫生。

　　这些工作，当然也是由公司负责的。如果想要削减费用，只需要将送货业务外包给物流公司即可。但我们所有员工都被纳入了三越伊势丹这一巨大的保护伞之下工作。而且，这不是公司高层独断专行的决策，而是听取了现场销售人员的意见之后的结果。公司决策从来都是以基层现场为依据，由下至上的。

　　大西先生成为社长之后，更能切实体会到这种由下至上，以现场为主的理念。我从来没有就此事跟大西社长沟通交流过，这种由下至上的理念却也是毋庸置疑的，这一点很简单就能想像到。

　　那时，有很多来自高层的决定最多只能传达到经理这一级别，但大西社长为导购、助理销售经理、助理采购人员等这些非管理职务的员工设立了一个聚集在一起集中讨论的场所。大西社长在员工食堂直接把自己的想法和考虑告诉给我们，并听取在现场接待顾客的导购的真实心声。在这期间一定会有提问的环节。

"你对我所说的事怎么看？"

"请你说说现在在销售现场感到棘手的问题。"

当初，三越出身的员工基本不怎么提意见和建议。因为有顾虑。他们以前没有这种企业文化，所以不知道向社长提出意见是否真的合适。但是，这样的讨论次数多了，他们也逐渐地开始发言了。

"既然社长这么愿意听我们的想法，那我也就说说吧。"

这正是由下至上、下情上达。当然，大西社长不可能对每一个琐碎小事都亲自出马。但即便如此，对制度上的一些疑问和不满，社长会在幕后指挥，交由人事和工会出面跟进处理。我们这些在现场的销售人员，因为有了这些，才能够心情愉快地工作。社长如此为我们着想，如此深入基层、亲临现场，让我们倍受鼓舞。

大西社长并不是那种平时都在公司最高层的办公室里，只会偶尔乘电梯下来到店里走一圈的经营者。虽然他现在公务繁忙，需要视察的店铺也越来越多，因此来的次数少了一些，但只要能挤出一点时间，他都会来店里看看。特别是新店和新买场，他一定会去看。能做到如此地步的公司，其诚意一定会传递给广大消费者。

我作为高级导购，今后在专注于销售工作的同时还要积极培养后备力量，这是我的使命。而且，我始终牢记着：首先我要将自己所在的部门做大做强，其次要提高自己所在店铺的整体实力，最后使三越伊势丹集团更加发展壮大。

对我而言，导购是我的职业。

假使我开个体经营的商店，也无法邂逅这么多、这么好的顾客。到底还是因为有着三越伊势丹这块传统金字招牌，才有无数慕名而来的顾客光临，百货商场才得以生存。

三越伊势丹对合作方（供货方）也非常重视，因此也得到了很多合作方的帮助。实际上，我也曾在合作方工作过。不能只想着自己公司，就只管自己公司的商品。正如"共存共荣"这一伊势丹时代的企业理念一样，我衷心希望能够实现"联手接待顾客"。

一起为提高服务质量努力。培养人才也有绝佳效果

酒井　麻里

三越伊势丹 伊势丹新宿总店 男
士·sports 销售部衬衫·领
带·季节性杂货销售经理

能否让设计师品牌的导购也独自担任伊势丹男士用品的销售服务?

从我作为新进职员被分派到三越日本桥总店男士用品部以来，在领带卖场工作了三年，之后又以销售内衣为中心一直工作到现在。

其间，我还担任过店铺采购人员，个人生活方面，我

生过两个孩子。有段时期我打算争取去做综合性事务工作，但在长女 7 岁时次女又出生了，又得从头开始育儿，因此向上晋升无望，就放弃了。但在当时，我是这样想的。

"既然我这个人是只要能为顾客提供帮助就会感到快乐的类型，那就干脆将这种工作方式贯彻到底吧。"

当时我的梦做得很大，想成为"三越的女总管"。

休完生次女的产假，我作为店长被调动到 2004 年落成的 SELECT&IMPORT（精选 & 进口）商品卖场。在那里任职时，不仅要和顾客聊西服，还有很多时候要跟顾客聊聊个人兴趣、养的宠物、想买的车、妻子的生日礼物等。自然而然地，就增加了很多机会可以向顾客传递我负责的商品以外的信息。

"听说○○特别喜欢吃奶酪。在博若莱①新酒节宴会上，给他准备一些如何？"

---

① 博若莱新酒节最早可追溯到风行于古希腊、古罗马的酒神节。伴随着宗教在人们生活中的弱化与淡出，二战后，博若莱新酒节就作为最具代表性的葡萄酒主题节日，出现于法国博若莱地区，进而风靡全世界。从上世纪 70 年代开始，每年 11 月的第 3 个星期四，博若莱新酒在全球统一开瓶。这一天，无论是巴黎、伦敦、纽约还是东京、汉城、台北、新加坡，全球各大城市的风雅人士都在翘首企盼，飞机空运而至的博若莱新酒上市。然后，大家聚在一起，将当年才下桶开始酿造、10 月初制作完成的葡萄酒打开，开始畅饮，庆祝新酒的诞生……

"下周有一个新的品牌活动。我觉得是○○喜欢的类型。你们一起去吧?"

我这么一做,就有很多采购人员来跟我打招呼。

"我这儿有个这样的活动,你能帮我邀请一些感兴趣的顾客来参加吗?"

只要是能对顾客有所帮助的知识和信息,我都会去学习,渐渐地就积累了很多知识。虽然我的工作是以卖场为中心,但如有必要,我会将一切安排妥当,即使我不在也不会出任何问题,然后我会亲自陪着顾客去别的卖场,这是我的工作方式。

在这样的状态下,到了 2008 年。忽然传出了公司正准备和伊势丹合并经营的消息,之后第一波动作就是大西先生来到了三越,担任常务执行董事(百货商场事业总部商品营销综合管理部部长)。这是我与大西社长的初次相识。大西社长频繁地视察"买场"(三越此时也开始使用买场一词),不论职位高低,与全体员工交流沟通。像我这样的一名现场销售人员,他都会来征询意见,对此我深感震惊。

后来,2010 年,我被调动到了伊势丹新宿总店的"男士馆"。正值合并经营之际,我觉得可能会增加录用一些新员工，所以没想到工作超过 20 年的自己会成为调动的对象。最初我被分配到一楼的杂货部门，第二年又移动到了三楼的设计师品牌楼层。几年前我曾一度放弃过的升职梦想也成为现实，被任命为销售经理。

设计师品牌部门，是一个拥有 120 名左右导购的大部门。但是其中三越伊势丹的员工仅有四名。像 Prada 和 Gucci 等品牌这种类似于直营店似的独立商店对于顾客来说，原本就能够提供放松悠闲的购物环境。正因如此，对于光临伊势丹男士用品部的顾客来说，必须也享受到有价值的销售服务，而实现这一需求正是我的使命。

当时，男士馆三楼楼层提出了重建改造的申请。大西先生在重建之际说了如下一番话。

"只是把店面弄得光鲜亮丽可不叫重建哦。要想一想服务、销售方面要做出哪些改变。这才是重点。"

"既然你想成为三越的女总管，就要再深入思考一下服务的问题。要想让你自己所做的一切也能够让这些年轻人们做到，应该怎么办，你要好好想想。"

虽然大西先生如此提点我，但我怎么都想不出好办法。大西先生还是一如既往地来买场视察并跟员工们沟通。也会跟我谈论梦想的种种。虽然只是谈话而已，但不知为何我就能再次鼓足勇气。

在三越伊势丹，为了将企业理念具体化，开展了"职场约定"运动。我打算首先通过"职场约定"运动，来改变本楼层的职场环境和文化。就连常理判断不可能实现的事情，也试着转换视角和方法去进行尝试和挑战。总之，我们做得非常彻底，凭着信念和坚持，我们终于在 2013 年度从国内外共 1300 个团队中脱颖而出，赢得了最优秀奖。

获奖的理由如下。为了使入驻男士馆三楼的 17 个品牌的负责人，不仅对自己负责的品牌，对伊势丹也能拼命努力宣传，我们改变了销售方式。正是我在三越的 SELECT&IMPORT（精选 & 进口）商品部时的待客方式。

本来设计师品牌的导购（合作方员工）只需要向顾客介绍自己的品牌即可，并没有义务考虑到伊势丹百货的整体经营。虽然这个销售方式是我自己提出来的，但刚开始的时候还处于摸索阶段，每天我都在绞尽脑汁地思考。

在地下一层的食品楼层，有一个买场每周都会变化。有一次，我去跟食品的经理和采购人员打招呼恳求他们帮忙。

"您能让我们试吃一下吗?"

在开店销售前，我带着导购们去了那里。

"真好吃!"

"美味啊!"

"头一次吃到这么好吃的东西!"

这些员工们虽然对时尚的东西知之甚详，但对吃的东西却没什么研究。"职场约定"运动基本上就是要以"让顾客感动"为立场和出发点。但是，所谓感动到底是何物，与其冷静地思考，不如先试着感动我们自己。人如果有快乐的事、感动的事就会想向别人倾诉。我让这些导购用自己的语言去描述如何好吃，多温暖、多柔软，以及味道和香气，等等。

即使我不说"请向你负责接待的顾客转达"，这些已经被感动的导购也会不断地向顾客主动推荐。再有，对于导购推荐的商品，顾客也会有所反馈。如果推荐的是食品，顾客就会再要求推荐一些健康相关的商品。为了将这些信息再次反馈给顾客，下次就要以健康商品为关键词去进行体验。

■■■■ 通过与导购接触，让顾客带着温暖而归，这才是服务的最高境界

从结果来看，各个品牌的导购（合作方员工）都很理解伊势丹的买场模式，开始能够向顾客推荐"食品楼层的○○商品展销截至这周就要结束了，请您一定去尝尝看。"各个品牌的导购都知道，这样做不仅能够提高自己负责的品牌的价值，还能够提升自己作为导购的个人价值。

如果只顾着推荐 A 品牌，充其量也就是一个普通的 A 品牌导购。但是，我发现如果在推荐自己品牌的同时还能聊一聊伊势丹商场信息的话，就会在不经意间给顾客带来惊喜。之后的销售额连续三年持续增长。虽然这一点也应该大书特书一番，但伊势丹和各品牌的导购能够团结一致，才是最大的成果。

这一点能够得以实现，也是因为有人能够看到我们的进步和变化。

在三越时期，如果受到了顾客的表扬，就会获得徽章。第一枚是蓝色，第二枚和之后的都是绿色。我得到过绿色的徽章，与大西相识以后，我试着将这件事告诉了他。

"不针对个人，而只表彰团队，这样大家的工作热情会变得高涨，所以请做一些徽章吧。"

大西先生是这样回答我的。

"伊势丹也有这类东西啊。"

这就是"职场约定"运动。即大家一起朝着提高服务质量而努力。这一运动在变革销售服务模式和提高导购工作热情上，发挥了绝佳的效果。

当然，大西先生并不是我的直接评价人。但是，听到处于他这样地位的人还能够关注我，鼓励我，对我抱以期待，是一件非常值得高兴的事情。我和下属的关系还不像我和大西先生的距离那般遥远，我意识到表达出对下属的这些关注十分重要，因此开始像大西先生一样每天实践。

酒井女士在新宿总店男士馆一楼的衬衫·领带·季节性杂货楼层担任销售经理

我在三越和伊势丹这两家百货商场都有工作经验。想到三越传统的一面和伊势丹革新的一面，确实能感到表面的差异。即使是表达同一个事物，在遣词用句上也有很多不同。

　　但是，我认为两者核心的部分是相同的。

　　"一切为了顾客。"

　　来到伊势丹工作的第五年，我只对新宿总店比较了解，并不了解其他的店铺。最近，由于通过"职场约定"运动，我和一位销售经理有了一些交流，也曾把我的下属派到她所在的店铺学习经验。

　　即使是同一集团，每家店铺的特点也都不尽相同。我希望通过体验不同店铺的工作，这些年轻员工们能够体会和掌握到一些东西。即使工作方式不同，顾客至上这一"信念"无论到哪里都不会改变。

　　我认为有些事，只有人才能做到。

　　不只要销售商品，更重要的是要提供给每位顾客独一无二的、直指心灵的服务。最近刚入职的导购或许做不到这一点，但我们将整体的服务水平拉高，也能让这些新员工有所感悟。

　　不仅要让顾客感受到购物的畅快，还要让顾客通过与导购接触，感受到"平和、温暖"，并带着这种温暖的感觉回家，这才是服务的最高境界。这种感觉会让顾客在平时的日常生活中无意中忆起，因此会令顾客再次光临。顾客一定也期望能够得到这样的服务吧。

仅靠点击电脑页面的关键词和智能手机的画面是不可能得到这种满足的。

向顾客提供新的价值，是现场相关人员真正的乐趣和责任

青木　慎吾

三越伊势丹 女士·儿童综合管理部女士用品第一商品部 采购人员

▟▟▟ 与导购一起打造超出顾客期待的文化

本公司员工的现场意识之所以如此之高，我认为或许是因为我们的 DNA 特质。

创始期的伊势丹，还是一个距离车站最远的百货商场，因此如果不能提供优质的令人满意的服务就无法吸引

到顾客，伊势丹就是在这样的不利条件下开始创业的。或许在我们的内心多少都蕴藏着一些对待逆境的反骨精神。

能激起我们的干劲儿的，是来自顾客的良性压力。

本来，百货商场的店员必须要始终走在顾客前面半步左右的距离。但是在伊势丹新宿总店，我们是与顾客并排行走的。有时甚至会让顾客在前面先行半步或一步。正是由于顾客对我们有更高的期待，期待新颖和变化、发现和惊喜，因此我们才会被激发出干劲儿。

我目前在伊势丹新宿总店二楼的女装部"风格东京"担任面向 20~30 岁年龄段女性顾客的商品采购人员。

我刚进入公司就职时，二楼还是比较好把握的"热卖同款"（明星同种商品畅销）的市场形式，只要把杂志《CanCam》① 上刊登的"Ebi② 和 Moe③ 同款连衣裙"摆在店里就会畅销。

----

① 日本时尚杂志。是小学馆每月在光文社发行的月刊女性时装杂志。1981年创刊，至今仍深受 10 岁到 40 岁女性读者的广泛支持。发行册数有 57 万，在赤文字系的同类杂志中居首位。

② 蛯原友里（Ebihara Yuri），日本知名模特、女演员。1979 年出生于日本宫崎县，22 岁时就任日本流行杂志《CanCam》的首席模特，积累了相当的人气群众基础。

③ 押切もえ（Moe Oshikiri），1979 年 12 月 29 日出生于日本千叶县市川市。2001 年成为《CanCam》的专属模特。Ebi 和 Moe 两位模特在时，被称为是《CanCam》的全盛期。

但是现在却不同了，顾客需求变得长尾化（即多样化。每一款商品的销量少，但商品销售的种类和范围变广了）。消费者的购买习惯发生了变化，从原来只有背着超具人气的大品牌包包才能够有底气，"他人的眼光·同质化＝安心购买"的这种消费习惯，转变成在生活的方方面面都追求真正自我的生活方式。

　　因此，我们在"收集百货商品"的商业手法上，就必须要能够刺激消费者。将百货商场置于一个更高的地位，即"百货商场是能让顾客的每一天都更加丰富多彩的产业"，必须转型为能够提供深入顾客生活的信息和商品故事、令顾客满意的企业。对这一点大家都有充分的认识。

　　也就是说，现今时代，"打造品牌"不能仅仅成为一种记号，而必须要有本质、真材实料才能畅销。

　　其理由之一就是，现在的顾客不再追求物质价值，即有形价值，而是对无形价值有强烈的需求。每个个体都有自己固定的世界观，因此，商品如果无法碰撞到"刺激"这种世界观的无形价值，就不会被顾客接受。

　　所谓无形价值，即 4W1H，何时（When）、跟谁（Who）、在哪（Where）、做何事（What）、以何种方式（How）。我从商品在被设计师设计出来时，也一直在考虑这 4W1H，意识里始终有着要如何让该商品能够"刺激"

和引起消费者的关注。"什么时候、跟哪位设计师一起、在哪里、向哪类顾客以什么方式提出何种企划案呢?"我每天都在闷头苦想。

另外，商品之上，还有一个购物的"体验"，在这一点上，4W1H的精确度有着重要的价值。因此，思考如何利用时间和空间，让顾客怎样体验这一无形价值，比什么都重要。

新宿总店2楼女装部"风格东京"。青木先生在这里担任面向20、30岁年龄层女顾客的采购员

说句没有分寸、不知深浅的话，下一代采购人员和商人不能满足于仅仅是一名采购人员（采买商品的人、收集

商品的人），而必须成为策划者（创造世上没有的东西的人）和沟通者（将之公布出去的人）。我就是以这句话鼓励自己和我的团队。

大西先生的说法是"现场就是一切。"

这句话的意思是销售是最重要的，但作为一名采购人员，我认为与现场的导购一起向顾客推荐和提案很重要。

原本，到百货公司应聘的人，其动机应该就是想亲眼看到顾客的笑容和真实生动的反应。再深究的话，那就是，让顾客展现笑颜，提升三越伊势丹的形象，并且让销售额提高，是我们至高无上的喜悦。

我们的实际工作中最重要的就是"商品"—"诉求"—"扩展"—"销售"这四个流程。这四个流程中"商品"主要由我们采购人员负责，其余三个由店里负责。顾客从家里来到三越伊势丹购物，我们能否将店面建设好，让顾客在时间、空间和导购这三方面受到感动呢？如何将这个接力棒交接到现场，如何培养导购学会制造这个感觉，这两点决定了一切。

从买场管理的角度来讲，有两种途径。一个是倾听店里销售人员的意见和心声，进行商品化，也就是"market-in①"的途径。这能体现出店里导购的想法，所以也能够讨导购的欢心。

另一个途径是"product out②"。这种方式是在与以往从未考虑过的企业合作的同时，主动满足顾客的潜在需求。这一方式能够让导购产生新的想法和点子，可以给顾客带来更深的感动。平时不仅要始终考虑这两种途径的平衡，也应注意与导购多沟通交流。

在每天的工作中，我都尽可能地找机会与导购沟通交流。交流的时间短的话就一分钟，长的时候有一个小时。有时候，我会询问导购"顾客有什么样的动向？"来确认market in应如何调整。或者有时候，我会跟他们谈谈我脑中所想的关于product out的想法，"我判断，今后的时代趋势会如此发展，希望你仔细听我说。"

发掘市场和新资源是我的工作。而倾听站在店里与顾客密切接触的导购的真实想法，并想出新颖的点子在店里开展、实施，也是不可或缺的。

---

① 市场学用语。制造适销产品。即需求优先，以顾客角度出发进行商品的企划和开发。
② 市场学用语。销售产品。即制造者优先，秉承生产出的商品好，自然销量好的理念。

"我觉得这种原创商品非常不错。因此，希望店里能给这款商品一点重视（商品的地位）。"

这种商品如何向顾客展示，如何销售？关于这一点，我会先说出自己的考量。之后，就只需将接力棒交由导购负责。然后导购就会思考并摸索如何向顾客推荐这款商品。

■■■ 顾客购物的方式转变为"重视产品故事""关注过程的参与感"

展示出了享誉世界的日本魅力的方案"JAPAN SENSES（日本品位）"被提高到了经营战略的高度之后，2015年1月开始启动了"this is japan"项目，下面我就围绕这个项目，说一说现场的具体情况。

在未来的市场，应该如何把握日本文化呢？我将把现代和传统这两个极端融合在一起，以这种思考方式去把握。

从我们这代人往后的人们从记事开始，日常生活中就充满了 IT 和全球化。这些人能够轻松自然地将 IT 所代表的现代世界和早已存在的原有的传统世界融合在一起。也就是说，这些人对传统的象征——日本传统工艺也十分感兴趣。我也曾深入地方的传统工艺品产地，用智能手机拍摄了照片，进行加工美化后，发布到网络……这些做法是现在的时代的象征。

在这种行为司空见惯的时代，在传统文化的版块，我们以"工艺品产地·日本设计师"为题，通过温故知新来打造符合当今时代的现代化生活方式的项目。

另一方面，现代文化的版块，我们导入了数字印刷和激光镌刻技术。这可能在百货商场中是前所未有的事。比如：顾客打算送一份礼物，祝贺朋友喜得贵子，打算送朋友一个相框。我们能够为顾客提供包括：当场在相框里放进照片、加进出生日期、宝宝的名字以及祝贺语。

顾客的购物方式已经转变为"重视产品故事"和"关注过程的参与感"，因此这款相框如果是以在北海道旭川生长的日本扁柏为原材料制作的，就不仅具有防潮性和硬度较好的机能，还能感受到扁柏令人心情愉悦的香气和手工匠人的气息，从这几点来看，能让顾客感受到传统工艺特有的产品故事和底蕴。然后，再用激光镌刻技术将收礼物的人的姓名和祝贺语写进去，就能够实现礼物与顾客自身关系密切的参与感。即便作为这种新型购买方式的提案，数码打印和激光镌刻技术也非常有人气。

或许这句话不说为妙，但我还是要说，商业的想法是乘法。

我听说，就连诺贝尔奖中，也很少有从零开始产生的，都是组合而成的。百货商场的生意也是如此。我认为，大胆地将不同行业的东西重新组合，利用这一妙处创造新的文化，这是非常重要的。

这或许就是"有形价值"和"无形价值"的组合。或许在尝试与多种类多领域的行业交流的同时，利用某种组合创造能够"刺激"顾客生活方式的文化。当然，也必须考虑到二者的平衡，我们的作用就在于此。

这个时代在逐渐变得没有边界。

但是日本人仍然以各自的地域、环境、本地产品、历史等各种各样的东西为依据，过着自己的生活。岛国日本并没有受到全球趋势太大的影响，而是积累了很多扎根于本地的文化和时尚。现在，这些文化和时尚再次成为日本各地的独创和特色，受到了国内外的瞩目。

我会在充分利用这些传统的部分的同时，做一些现代化的加工，为顾客提供新的价值。并且，将其以顾客能够理解和接受的形式，认真负责地向顾客提出优质的造型提案。这就是我们工作的价值和意义。当我们彻底发挥了这一作用之时，我相信这一定会成为新的文化。

做到如此地步，这或许才是我们作为百货商场现场相
关人员真正的乐趣，从某种意义上讲，这正是我们的
责任。

第 **5** 章

与现场鼎力合作推动
企业成长战略

◼◼◼ 实现年销售利润 500 亿日元是一切正常运转的最低标准

百货业的年销售额为 6.2 兆日元，这一数字仅占零售业整体销售额的 4.4%。虽然消费水平提高了，但我们是不售卖生活必需品的百货商场，所以三越伊势丹的目标是在 2018 年度实现整体销售利润 500 亿日元。

2013 年度三越伊势丹集团的整体销售额约为 1.325 兆日元，销售利润约为 346 亿日元。如果仅考虑在 2018 年实现销售利润 500 亿日元，那么向新宿、银座、日本桥这三家市中心店铺集中投资，实现的可能性就很高。

但是，我不认为仅仅做到这点就可以了。我们在 2018年以后仍必须持续成长。为此，我们应做些什么呢？我们必须在 2015 年前后，集中推出新事业新项目，并向其集中投入资金，争取于 2018 年做出成果。

重新审视百货业的供应链（从商品制造出来到送达消费者之间的一系列工程），彻底提高已经开始的"采购模式改革"的精度，专心制造独特性强、收益性高的商品。本来这些做法或许是条捷径。

但我认为，只经营百货商场再怎么努力也没有什么前途。

照这样下去，或许百货商场就只有走上衰退一途。像现在这样，销售利润率为2%的经营模式绝对坚持不下去。

不过，我并不认为百货商场的形式会在日本消亡。估计首都范围内的百货商场还是会存活下来的。现在的伊势丹新宿总店的销售利润率接近8%，首都范围内的百货商场销售利润率合计大概保持在3%~4%的水平。如果仅限首都范围内的话，将这一数值提高到10%左右还是有可能的。

但是，郊区的店铺和地方的店铺，以后肯定会变得更加举步维艰。为此，必须提供高质量、有价值的商品，改变供应链的现有方式，制定新的商业模式。

既然已经上市，也必须站在股东的角度考虑问题。

对企业来说，最重要的一点是短期收益和长期成长战略的平衡。关于年度销售利润基础，或当期利润基础，由于已向外部做出了承诺（切实达成约定的目标），因此必须完成。但是，作为企业，必须制定好三年后、五年后、甚至十年后的成长方针政策。

近来，据说只要求提高短期利益，只关注股价和分红的股东越来越多。但是，在三越伊势丹，关于这一点会在股东大会上详细地说明。因此，对于业绩的批判和质疑还没有那么严酷。即使在业绩不良时，股东大会上讨论的话题仍然大多数都是未来的成长战略和女性员工的合理任用、日常服务的问题和百货商场的经营方式等。

或许是因为股东中我们的顾客比较多，这也是这个行业的特点。作为企业，因为对年度业绩、季度业绩做出了承诺，所以不会打算赖账。目前应该做的事，以及今后应该做的事，我们会把这两个问题划分开，让股东能够针对这两个问题分别进行评价。

话虽如此，三越伊势丹的股东之中，有近三成是外国人。他们很重视 ROE（净资产收益率）①，因此如果当期利润一直是这个水平，估计一定会开始考虑股份回购等资本政策了吧。这也是资本市场的必然规律。

能够提高利润率的投资和资本政策。综合考量以上这些情况，目前的利润基础绝对不可能做到。即便公司裁减

---

① 净资产收益率 ROE（Rate of Return on Common Stockholders' Equity），净资产收益率又称股东权益报酬率/净值报酬率/权益报酬率/权益利润率/净资产利润率，是净利润与平均股东权益的百分比，是公司税后利润除以净资产得到的百分比率，该指标反映股东权益的收益水平，用以衡量公司运用自有资本的效率。指标值越高，说明投资带来的收益越高。该指标体现了自有资本获得净收益的能力。

收不抵支的项目，也不可能现在立刻就实现。这样一想，整体年销售利润提高到 500 亿日元，现金流自然就会很充裕了。也就是说，实现整体年销售利润 500 亿日元，是让一切正常运转的最低标准。

百货商场必须持续不断地变化、进步

2015 年，三越惠比寿店提出了进行重建改造、再次开业的申请。

但是，店员们制作的计划书实在是太"切合时代"了，这样不行，因此被我驳回了。

惠比寿店原本位于我们的专营店大楼附近的商业圈。这家店靠招租知名品牌入驻承租，收取租金作为销售收益。这样下去是不行的，因此开始探讨重建改造事宜，但我认为计划中的男装、女装、女士杂货用品等这种大的分类本身就有问题。因为这个方案没有面向"未来"。

在惠比寿这条街上，住着很多敏感度很高的人。因此我认为要开张的店铺必须是面向未来的店铺。当然，作为百货商场，切合"现在"这个时代也非常重要。因此，店员们做出的这个计划并不是一无是处。只是，切合了时代，也就意味着放弃了未来五年、十年。

同时把握两方面的视角，绝不是一件简单的事。不过，如果不试着去做一做以往从未做过的事，那么在惠比寿这条街上开店就没有任何意义了。

当然，每家店铺的情况都不尽相同。以像我刚讲的惠比寿案例一样的思考方式去考虑店铺建设的是，伊势丹新宿总店和三越银座店。光临这两家店铺的顾客对百货商场提出的"未来"计划非常期待。即使在这样的地方建设成传统的店铺也毫无意义。这样想来，百货商场必须持续不断地变化和进步，对此，大家是否有了重新认识呢？

▰▰▰下一步，就是重建出理想的郊区和地方百货商场

接下来，我想谈一谈今后三越伊势丹的经营战略。首先，我们来谈谈国内店铺战略。

市中心的三家店铺，理所当然要继续加大集中投资。新宿店和银座店以及日本桥店这三家店铺，每家的特点都不同，因此需要根据每家店铺的具体情况制定具体的策略，以合理的形式进行改造和重建。即使今后其他地区店铺经营会更艰难，也必须将这三家店铺打造成百货商场的

中流砥柱。

另一方面，郊区和地方店铺会面临非常严峻的局面。

目前，产生经营赤字的店铺只有三越松山店。以往郊区和地方店铺合计共产生了 30 亿~40 亿日元的赤字，但目前是有 40 亿日元的盈利。只不过，店铺运营会耗费相当大的成本，因此也不能说只要盈利就万事大吉。在维持店铺运营的基础上，还必须以某种形式继续投资。从这个意义上来说，目前的商业模式还是有一定困难的。

因此，下一步的目标是暂停运用现有的商业模式，重新打造出理想的郊区和地方百货商场。也就是说，必须改造郊区和地方百货商场的经营特质，使其能够产生与投资额相应的利润。

事实上，在 2013 年末，我公司曾一度决定要向某郊区店铺进行投资。但是，我断定这个商业模式还不足以产生新事物和变化，因此计划搁浅，这件事责任在我。最后，就仅仅是把购物中心的一些特点引进了百货商场罢了。

因为是重新装修后再次开业，所以一时间销售额得到了提升。但是，对于顾客来说，这意味着什么呢？

"我要是想去购物中心，直接去就好了，何必再特意去购物中心式的百货商场呢。"

说实话，新的商业模式还在摸索阶段。只不过，对此我有一个大概的轮廓和想法。

店铺整体的 7 成仍维持原有的百货商场形式，其余的 3 成则改为专卖店形式的买场。只是，虽说是专卖店，也不能将购物中心的一些特点直接生搬硬套。因此应该去尝试和挑战那些新颖的东西，这就成为了今后的研究课题。

2014 年 9 月，三越福冈店地下一层开设了一家新店——"LACHIC"①。这家店借鉴了 2005 年 3 月在三越名古屋店开业的 LACHIC 的经验。所谓 LACHIC，就是相信自身感受和品位，只选择真正适合自己的东西，其发音的日语语义即"像自己"，是一个包含了这种原创精神的造语。

名古屋 LACHIC 店业绩优良，是日本最高质量的专卖店购物中心。承租商铺店面都有相当的层次，虽然LACHIC 是专卖店，但这家店也不是独立存在的。店铺设计考虑到与周围的店铺的协调，让消费者能够货比三家，

---

① LACHIC 店是一家强调原创和质感的服装购物中心，是每个坚持自我个性的人必去的购物场所。2005 年 3 月开业 LACHIC，其店面设计采用了三越百货提供的方案，时尚明亮的空间设计带给人焕然一新的购物体验。"LACHIC"日文的意思是"像自己"，意在提振与鼓励名古屋人的原创精神。

随意选购。店铺之间的协调，迸发出的灵感是单纯地将一个个铺面出租给商户所无法带来的。

2014 年 9 月，在三越福冈店地下一层，"LACHIC" 新店开张。

为了摸索新的商业模式，需要包括我在内的三越伊势丹的所有员工的想象力和发散思维。为避免这些想法的萌芽被扼杀，也为了让这些思维的萌芽能够健康生长，应予以员工们一定的自由度。

▰▰▰ 为创造与顾客的"联系",积极发展中小规模店铺

说到百货商场,就会让人联想到面积在三万平方米这种级别的大规模店铺。

但是,能开设这种规模的店铺的地点,全国范围内也已经没有几个了。为此,今后应采取积极发展中小规模店铺的战略。

这一战略的目的是进一步扩大与顾客的"联系"。

中小规模店铺是灵活运用三越伊势丹最擅长的"独特性"和"编辑能力"的绝佳场所。我们的目标是,围绕顾客的生活圈子,提供符合顾客各种各样的生活方式和需求的百货商场特有的品质服务。

至今为止,在小规模店铺方面,我们已经开设了15家主要以食品和杂货销售为主的"MI PLAZA"。我们计划在2018年之前,将包括以往的流动商店型店铺在内的店铺数量增加至140家。MI PLAZA还于2014年在东名高速公路的富士川服务区开设了店面,在店铺选址方面,我们也下了很大的工夫。

主营化妆品的"伊势丹之镜"也计划从目前的10家

店铺增加到 20~30 家。2014 年 12 月首次进军市中心，在神奈川县藤泽市的"湘南 T-SITE"里开设了店面。这两种店铺均提高了开设店面的速度，估计有望实现预定计划。

主要以食品和杂货销售为主的小规模店铺"MI PLAZA"，在 2018 年以前，包括以往的流动商店型店铺在内的店铺数量将增加至 140 家

至于中等规模的店铺，2015 年 4 月 3 日，我们在与六本木车站直接相连的东京中城①（港区）开设了主要面向

---

① 东京中城（TokyoMidtown）是一个位于日本东京都港区的多用途都市开发计划区，位于六本木的旧防卫厅原址和和赤坂九丁目，为近年来日本的各都市再开发计划中规模最大者。整项计划的地标建筑"中城大厦"（Midtown Tower）是一座地下 5 层、地上 54 层的摩天大楼，高度为 248 米，超越了六本木新城森大厦和东京都厅舍成为东京都内最高的建筑物。

女性顾客销售服饰、杂货的"伊势丹SALONE"。

主营化妆品的"伊势丹之镜"计划在未来增设店铺至 20~30 家

　　这是中等规模的店铺首次在中城开店。东京中城是集商业店铺、办公区、高级住宅于一体的大规模综合性设施。在那一区域，有很多敏感度高且有创造性的人活动。

　　考虑到该地段的布局条件和经常出入的人群特点，该店铺主要着眼于时尚，择选广受伊势丹新宿总店的顾客好评的"中小分类"商品，进行了店铺建设。另外，我们还尝试了一些只有百货商场才能实现的事情，旨在为顾客提供新的价值。我们计划于 2016 年春天，在名古屋也开设一家中等规模的店铺。

2015 年 4 月 3 日，在东京中城开设了面向女性顾客销售服饰、杂货的"伊势丹 SALONE"。这是中等规模的店铺首次在中城开店

我们考虑，截至 2018 年，将中小型店铺的整体销售额提升至 600 亿日元，并使销售利润也比目前增加 15 亿日元。不过，比起收益性，我们会更着眼于发掘并建立与顾客之间新的"联系"，并以此为基准开展店铺建设。虽然结果如何只有做了才知道，但我对此充满期待。

▰▰ 想在国际都市羽田留下我们的"招牌"

作为活用现场能力的新的渠道开发，我们选择的是羽田机场。

2012 年 4 月，管理、运营羽田机场的日本机场大厦株式会社计划在机场开设店铺，我们与其合作以共同运营的形式开设了"伊势丹羽田店（男士）一号航站楼店"。

这次开店并不是全员赞成的。

但是，在我的脑中，始终有开设"市中心免税店"的想法。目前，日本共有大约 5700 家免税店，但这些店都是免除消费税，也就是所谓的 tax free 的免税店，免除酒税和关税的真正的市中心免税店只有机场内和冲绳。我们有如此多的外国游客，他们赴日都会大量购物，然而我们居然没有真正的市中心免税店，这真是不合常理。我们早晚要着手开设市中心免税店，从这一想法出发，我就想要跟日本机场大厦株式会社建立密切的合作和联系，这就是我在机场开店的理由之一。

羽田机场在 2014 年扩建了国际线旅客的航站楼，大幅增加了国际航线的航班。与此同时，该机场还公布了整备国内线旅客的航站楼经停换乘设施的消息。从日本各地经由羽田机场飞赴海外的旅客将大幅增加，今后羽田注定会成为国际化都市。

"想在这个国际化都市留下我们的招牌。"

这个愿望在我心中不断翻涌。为此，必须从现在就开始付诸行动。作为战略部署，我们推出了机场一号店。

"推出这个一号店的意义何在？"

在经营会议上，也有人提出了异议和疑问，但结果却完全出乎我们的意料。

当初，我们的预想纯粹是以利用机场的旅客为目标顾客。但实际上，却有一些没时间去新宿和银座购物的旅客改而利用在机场等待登机的时间去购物。因此业绩从开店之初就一直很好，在第二年一号店就实现了盈利。

"想在国际化都市羽田留下我们的招牌"这一想法付诸实践的第一步是开设"伊势丹羽田店（男士）一号航站楼店"

随后，2014 年 6 月，我们在二号航站楼开设了"伊势

丹羽田店（男士）二号航站楼店"，同年 7 月又开设了
"伊势丹羽田店（女士）一号航站楼店"，在满足了机场
在二号航站楼开店的要求之后，又因为一号航站楼女性顾
客的购物需求较大而开设了女士用品店。

这几家的店铺的建设从某种意义上讲是一种尝试和挑
战。之所以这么说，是因为这几家店并没有陈列机场特供
的商品，而是被打造成了在市内也能获得好评的店铺。

原本，到机场购物的顾客和在市内百货商场购物的顾
客之间，其目的有很大的不同。但是，从一号店的运营结
果来看，能让与市内的三越伊势丹的品位一致的顾客顺路
来逛一逛——以此为目的的店铺建设能够带来好的结果。

今后，羽田机场不仅要在航站楼内开店，还会考虑在
航站楼外开店的可能性。对于不搭乘飞机的顾客，三越伊
势丹或许能够在羽田为他们提供同样的服务。

羽田目前正在以前所未有的力度推进这一计划。作为
今后三越伊势丹的战略部署之一，参与其中会使三越伊势
丹赢得未来的一席之地。

▰▰ 不彻底搞清超市事业就没有未来

在三越伊势丹，我们打出了"Queen's 伊势丹"品牌，

开展了超市事业。旗舰店为东京·笹塚店，基本上遵循在首都圈范围内开店的战略原则。

超市事业的重要性仅次于百货商场事业。超市主营日常用品，因此与顾客之间的联系极为密切，必须认真扶植该项事业。这就是我的看法。

Queen's伊势丹的定位是以首都圈为中心发展的高端食品专卖超市。从给人的感观上看，是与纪之国屋①和成城石井②同样的系统。但是，看起来仍有许多地方尚未建成基本的业务流程。

而且，虽然标榜为高端精品超市，但我们开店的地点容易让人产生"居然开在这样的地方"的想法，这也是事实。

今后我们必须遵循开店之初的经营理念，精准布局和定位，将贩卖优质商品的经营方向贯彻到底。

2014年11月开业的目白店是Queen's伊势丹连锁超市的最新一家店铺。

虽然达到了一定的销售额，但在我实际看到买场的那

---

① 纪之国屋（Kinokuniya）是以东京都为据点的高级连锁超市。由东日本旅客铁道（JR东日本）全资子公司株式会社纪之国屋营运。

② 日本高端超市。

"Queen's 伊势丹"目白店。超市事业地位的重要性仅次于百货商场事业

一刻，却发现了很多问题。

这意味着什么呢？

这意味着我们没有培养出能够经营超市的人才。在新开业的店铺，连基本的备货和业务开展都没办法做到，这体现出了 Queen's 伊势丹目前的实力。当然，这也是我的责任。

虽然与他人作比较有些失礼，但标榜高端精品超市的

Queen's 伊势丹却明显地不如未标榜高端超市的永旺①。或许我们贩卖的商品确实高端，但商品的展示和呈现方式却远远不如永旺，因此导致了自身的局限性。

说起来，在备货上，我们与成城石井和纪之国屋水平相当。不过，在展示、呈现的方式和展开上水平还差得多。

比如：在副食、熟食区的正中位置设置了一个中央流理台，来进行厨艺展示演出。这本身就是一个有趣的尝试。但是，在流理台的周围码放的却是七八十日元的特价土豆饼。

这样一来演出就白费了。

假使要进行这种厨艺展示演出，那么周围放置的食材也应该是精心制作的价值 150 日元的高级土豆饼。

食品杂货的商品码放也一样。原本以排面展示的库存商品，必须像便利店一样根据销售额进行变化和调整。

但是，销量好的商品却只放了一列，销量差的商品却有三列。这正说明了我们没有掌握超市的基本原则和零售业的基本原则。

---

① 永旺是日本著名零售集团公司，为日本及亚洲最大的百货零售企业之一。作为日本顶尖零售企业，永旺集团旗下包括 AEON Co. Ltd. 及一百多间附属公司。AEON Co. Ltd. 拥有逾 30 年经营零售事业之经验，尤以经营综合购物百货公司为其核心事业。

有一段时期，收购成城石井的新闻被炒得很热。但是，在实行收购之前，我们应该还有一些事情需要完成。如果不能彻底搞清超市事业，Queen's 伊势丹就没有未来。

只要搞清楚问题所在，并对此着手修正，就一定能够越来越好。目前，我们正一步步地着手努力，从 2014 年 9 月和 10 月的业绩来看，全店销售额得到了提升。这是前所未有的胜利。我们看到了未来的曙光。

问题的根源在于，有潜力的人才的工作热情下降了。目前我们的员工也拥有充分的实力，问题就在于如何为这些员工创造发挥实力的环境。必须从这一问题切入，进行改善才行。

2015 年 1 月，永旺宣布，将在 2016 年前实现在所有店面配置专门负责接待顾客的接待员。每家店铺配置一个 7 人团队，在全国 160 家门店展开。其目的在于提高服务水平，提升顾客满意度。

Queen's 伊势丹也不会袖手旁观。从 2013 年开始，伊势丹在超市事业方面开展了与同业其他公司的人才交流。公司名字在这里就不作说明了，不过我们会派员工赴对方公司进行学习交流。如果不推进这种以提高销售能力为目的的人才改革，最终恐怕会被竞争对手远远甩开。提高人才的现场力才是复兴的王道，是必不可少的要点。

██▚▚ 集中力量开发新旧各两项，共计四项事业，实现资源的效率化

我们以百货商场事业和超市事业为基础和根本，进行了多方面的尝试。但是，是时候该回归主业，集中精选周边事业了。

作为新兴事业，高龄消费者市场是最大的支柱。团块世代①目前年龄已经超过 65 岁。人口数量最多的消费者群体当然就会形成市场，因此今后我们打算针对高龄消费者人群开发一些事业。

2014 年秋天，报纸上刊登了三越伊势丹进军婚庆事业的报道。但是这件事还没有最终正式确定，最多算是在探讨可行性的阶段。

----

① 专指日本在 1947 年到 1949 年之间出生的一代人，是日本二战后出现的第一次婴儿潮人口。在日本，"团块世代"被看作是上世纪 60 年代中期推动经济腾飞的主力，是日本经济的脊梁。这一代约 700 万人将于 2007 年开始陆续退休。这一代人大都拥有坚实的经济基础，一直是最引人关注的消费群体。据估算，日本 60 岁左右人口所拥有的资产，是 40 至 50 岁人口的 3 倍以上。这群数量庞大的银发族经济基础雄厚、购买力强，退休后还将有充足的闲暇时间。

百货商场原本就会得到很多与婚礼相关的信息。因为会有购买订婚戒指和结婚戒指的顾客以及租借礼服的顾客光顾。这些信息如果不加以充分利用实在是太可惜了，因此凡是与结婚典礼和答谢宴相关的所有咨询服务，百货商场都可以参与进去。

不论是以高龄消费者为目标市场还是进军婚庆事业，都还悬而未决。不过，如果三越伊势丹打算要开展新事业的话，应该就会集中在这两项上。

在我们原有的事业中，包括人才派遣事业和旅游业。这两项事业都已经成为了盈利事业，因此要进一步强化。关于旅游业，我们在 2015 年 1 月，以现在的三越伊势丹旅游事业部为母体，设立了旅游业专门分公司——三越伊势丹旅游股份有限公司。该公司主要以富裕阶层的顾客为目标，经营高价旅游项目，于同年 7 月正式销售。

综合以上新兴事业和旧有事业，公司主要资源将集中在这四个重点领域上，以实现经营资源的效率化。

海外店铺的业绩下滑如此严重，因此要一切从零开始。与其在新的国家花费时间和精力开设新店铺，不如先将现有店铺进行重建。

三越伊势丹在 40 年前就已经进军海外市场，因此已经有了相应的业务流程。但是，在这几年间似乎已经混乱了。在开店战略上，至今仍仅仅满足于店铺数量的增加。业务和战略的进展不善清晰地体现在了业绩上。

我们打算将在日本现有的基本业务流程再次重新开始实施，并将采购模式改革也推广至海外。也就是说将在日本建立的一些政策和体制同样在海外开展。估计到时候，店铺整体的三成左右能够通过部门间的横向合作进行备货。

不过，2015 年酷日本机构（海外需求拓展支援机构/公司总部·港区）和开展马来西亚事业的当地法人"ISETAN·OF·JAPAN SDN. BHD."计划共同出资，设立一家公司，将在马来西亚运营的百货商场"伊势丹 LOT10 店"进行重新构筑，改装成为提供日本优质商品民、服务的新型店铺。对此，我们要举全公司上下之力，共同确保项目的成功。

在海外事业不景气的现状下，还有撤退这一选择。

但是，在日本国内市场急剧缩水的现实之下，就无法再考虑海外事业的撤退和缩小。甚至可以说，如果不想方设法提高海外市场的利润，仅靠日本国内市场的话，将来的发展空间确实令人担忧。

当然，为此还必须要考虑开店的手法。像以往那种凭单独一家百货商场打入市场的成功率太低了。如果投资回报的年限在十年以上，股东也会有意见。

能考虑到的可行办法就是购物中心的形式。

与日本的市场趋势相反，在东南亚和中国，购物中心型百货商场已经形成。或许一边介入购物中心的运营，一边推进百货商场事业的发展是一个行之有效的办法。

而且，未来海外也一定会开始对网络的利用。虽然难度很高，但如果不提前设定好利用网络的全球战略，我们终将面临残酷的局面。

对大有可为的电子商务，不能临渊羡鱼、作壁上观

但可惜的是，三越伊势丹进入电子商务行业较晚。

虽然 EC① 市场的整体年销售额达到了 13 兆日元的规模，但 2014 年度三越伊势丹的电子商务销售额仅为百亿日元左右。按照原本的计划，2014 年度本应该达到 150 亿日元，2015 年预计达到 200 亿日元的水平线。

---

① 即电子商务，Electronic Commerce 的缩写。

但是，结果却不尽如人意。百货商场电子商务的开展有其非常困难的一面。

实体店内有几千万种不同品类的商品。但是，网店上的商品品类却极少，仅有 7 万种品类。如果能将网络上的品类增加至 10 万种、20 万种、30 万种，那么销售额一定会有相当程度的提高。

然而，仅靠增加网店商品的品类是不行的。比如衬衫，在实体店里要么是根据价格和级别进行分类，要么是根据风格和品位进行分类，要么就根据面料进行分类，实体店要在综合考虑这些问题的基础上进行店铺建设。但在电商的网店页面上，对此的分类则完全不统一。这就是最大的要因。

这估计是组织的问题。

因此，从 2014 年 10 月起，我们将 EC 事业部的负责人调到了商品综合管理部，以期通过协调合作进行一些辅助和补救。虽然逐渐取得了一定的成果，但相比当初的计划还是晚了一年。

不过，我们并不会满足于此。IT 行业的发展如此迅猛，因此我们也必须构建新的商业模式。

从这个意义来说，或许可以考虑果断通过 M&A（企业并购）整合一家专门的公司。还有一个办法就是我们自主建立一个系统格局，并在这个格局的基础上进行发展。或者还有与大型企业合作的形式。以上这些方法都需要在不断尝试和经历失败后，才能够得出一个正确、有效的策略。

也有人提出意见，认为如果充实了线上，那么其与实体店之间的平衡就会被打破，我认为这是杞人忧天。网络世界和真实世界是完全不同的两种事物，即便万一有所重合和冲突，也只能认为是命中注定。假使发生了吞并（互相侵蚀），我们也不会选择放弃利用网络。因为对大有可为的电子商务市场，我们不能临渊羡鱼、作壁上观。

还有一个问题就是，目前利用网络销售的商品中有90%以上是同时在实体店也进行销售的。在将来，必须要开发出网络特供的定制商品。

进一步讲，必须要建立发布信息的媒体。我们没有能力和技术只靠自己去构筑，因此最重要的就是与从事网络服务的公司合作，持续发布信息。

2012年，我们建立了时尚综合新闻网站"FASHION HEADLINE"。这是一个实时发布时尚界的最新信息的网站，也包含其他百货商场的信息。

目前，通过网络购物的顾客年龄层有一定的范围。但绝不仅仅是年轻人。团块世代被称为高龄消费者群体，这些高龄消费者群体也会利用网络购物。今后，电子商务的重要性必将进一步增强。

现场力的提高没有终点。要始终致力于打造"店面有活力的店铺"

PROFILE（简介）

鹰野　正明

三越伊势丹股份有限公司 销售

总部 旗舰店事业部 伊势丹新宿

总店店长/常务执行董事

1958 年出生于东京都。

1981 年毕业于明治大学政治经济学系，之后进入伊势丹股份有限公司任职。从女装销售员开始做起。在商品营销综合管理部积累了工作经验，于 2004 年就任松户店销售综合管理部部长。2005 年，被调往伊势丹新潟店。继 2007 年 4 月担任销售总部松户店店长之后，又于 2011 年 4 月就任三越伊势丹集团执行董事、三越伊势丹新潟股份有限公司董事长兼社长。之后辞去该集团执行董事的职务，2014 年 4 月至今，任目前职位。

按您工作至今的履历，是否与大西社长有交集呢？

鹰野： 在伊势丹时代，我的所属部门是女装第一销售部，在总馆工作，因此与大西社长所在的"男士新馆"几乎没有交流。如果只看男士新馆的外观，则看起来好像与女装销售部是完全不同性质的存在。

虽然现在情况不同了，但当时女装销售部的员工在大学时期参加的都是体育会系①的社团。因此，有时会被前辈突然带去库房（后院＝暂时保管商品的地点）接受指导，或者被频繁地施加号令让我们"新手集合"，用这样的方式为我们加油打气。我是在总馆的二楼工作，而我们与一楼的女装杂货、三楼的女装之间，每个楼层都各自保持着竞争的心态。与此相比，男士新馆在旁人看来似乎能够感觉到那种自由、闲适的活跃氛围。虽然公司内部是一个竞争激烈的世界，但整个男士新馆却好像能够团结一致。

就因为这样，我印象中几乎没有和大西社长说过话。

---

① 所谓"体育会系"，就是在大学时期参加社团活动（日语叫"部活"），一直做运动的一群人。日本的社团活动有很多种，其中，参加足球和棒球、剑道、柔道等所谓"运动部"的人被叫做"体育会系"。

也就只是认识他而已，而我们上下班的路线一致，有时早上还能在新宿车站的地下通道内看到他走在前方的背影。不过他走路非常快，我记得自己总是被远远地落在后面。

我明确地意识到大西社长的存在，是在 2007 年大西就任立川店店长，而我就任松户店店长的时候。他给我的第一印象就是这个人很聪明。虽然跟我同样是在分店负责运营工作，但他的见解和看法、制作和收集资料的方法等，都值得我学习。大西社长在任立川店店长期间制作的资料全部被我拿回家作为参考了。记得当时的社长武藤信一也跟我说过要以大西的资料为样本。

公司改为大西体制后，与从前相比有哪些较大的变化？

鹰野：第一个变化是速度感。暂且不论是否取得了成果，首先要求高度认识到对尝试和挑战的事物要有极高的速度感。

第二个变化是信息的收集方法发生了改变。大西社长本人也本着"只要有任何信息就会马上行动"的原则，与各种各样的人接触，贮备了多种多样的信息，并加以灵活运用。这种信息的获取方式、广度和深度也是我必须要学习和借鉴的。

第三个变化是，上层领导主动出击，成为下属的表率。以往的百货商场员工，其行动范围是受到限制的。在我就任目前的职位后不久，曾和销售总部长一起被大西社长一大早叫到了办公室。谈话的内容是，意大利大使馆举办了某品牌活动，而三越伊势丹的员工却没有任何人参加，社长便亲自过问是什么原因。

我觉得，大西社长想要说的是以下这个意思。

"主动走出去与各行各业的人建立关系网，时刻保持高灵敏度来获取情报，这是上层领导该做的工作。"

从那以后，我就开始涉入各行各业的方方面面。最近我也在与一位之前从没有任何联系的人的谈话中，发现了与"男士馆"的生意相关的信息。

第四个变化是，公司变成了从好的意义上来讲的计数至上主义。因为是企业，所以核算是每天都要严格追究的，但重要的是这个数字的内涵。比如：销售额不容乐观时，为了恢复销售额上升的状态就要销售一些盈利效果明显的商品。但是现在，除了所谓的清仓大甩卖的时候以外，柜台（特别商品展示区或特卖场之外的普通买场）基本不进行特卖活动。

我们应该思考如何迎合顾客的需求，作为百货商场自身的价值是什么？我们能够提供给顾客什么？这个过程和方式即将得到彻底的改变。

⬤ 大西社长说："对百货商场而言，现场就是买场。"对于这一点，请您谈谈作为店长需要作出哪些努力。

鹰野：现场很重要，这一点不言自明。在店内与顾客接触的导购（销售员）对于百货商场而言是最重要的。导购得到了顾客的赞扬，或是完成了目标销售额任务，自然会充满喜悦，但另一方面，这份工作对导购的体力和精神也造成了很大的负担。考虑到这种工作压力和职责的重要性，则应该认真思考如何提高导购的工作热情，如何让导购更加轻松地接待顾客，创造出这样的工作环境是店长的职责。

为此，沟通和交流就显得十分重要。

在新宿总店工作的三越伊势丹员工有 2000 人。另外，合作方（供货方）派遣来的员工（合作顾问）达到了8000 人以上。考虑到这个人数比例，那么如果店铺想要将一些想法付诸实践，则少不了合作顾问的协同配合。

说得极端一点，对于顾客来说，打造了伊势丹的形象的是合作顾问。如果不能为他们创造一个环境，使其对伊势丹新宿总店的经营方向产生共鸣，则我们对光顾新宿总店的顾客提供的价值就无法提升。

因此，我也给合作顾问创造了一些机会，如一起开个短会等，和他们进行意见的交换。为他们创造一个能够畅所欲言的环境，了解他们的所思所想，这是最重要的。

这真是原始的交流手法。但是，原本百货商场的生意就是从人与人之间的联系开始的。虽然我们也灵活运用 IT 技术收集数据，开展了一系列提高销售能力的项目，但最重要的仍是以人为本的销售技术的训练。

为了更好的服务顾客，我们也在一些方面进行了数字化，提高了便利性，但基本上在店面的销售现场还是使用商品目录册。正面面对并认真倾听顾客的生活方式和需求，将对顾客有价值的商品，以温暖的语言提出推荐方案和咨询服务。这是百货商场的职责所在。积极接受技术的进步理所当然，但同时还应思考如何与顾客之间构建一个能够传递温情和情绪的关系。这才是伊势丹新宿总店今后的发展大方向。

三越日本桥总店的店长提出了 "让顾客充分享受文化" 的口号，伊势丹新宿总店会提出什么口号呢？

鹰野： 伊势丹新宿总店的目标是成为 "全世界最好的时尚美术馆"。我们不仅要向顾客销售商品，还要让顾客体会到像来到了美术馆一样的感觉，感到惊喜、获得发现、学到知识等。也就是说，我们想让顾客说出自己不是 "想要买这件商品才来伊势丹"，而是 "上次来时很受感动，所以又来了"。

说得极端一点，我们想把店铺打造成让顾客感到即便没有什么想买的也还是想要去逛逛，然后就真的光顾本店。销售最好的服务、最优质的商品是理所当然的。在此之上，我们还想成为能够打动顾客五感六觉①的百货商场。我认为这才是伊势丹新宿总店未来发展的大方向。

为使这一经营理念渗透到现场的方方面面，我自 2014 年 4 月就任以来，历时两个月，逐一参加了所有买场的早会。之后，我又召集了新员工、区域主管②、助理销售经

---

① 五感是指尊重感、高贵感、安全感、舒适感、愉悦感。六觉是指视觉、听觉、触觉、嗅觉、味觉、知觉（下意识）。
② Block leader。相当于百货商场店长的直接上司，负责制定应对竞争店铺的对策等，是公司总部和店铺之间的联系人和润滑剂。

理、销售经理等各个阶层的成员分别进行了谈话。

通过谈话，我了解到了他们的感受、烦恼等平时绝对不会对外人道的真实心声。为实际解决这些不满和烦恼，有时也会花费时间和金钱。虽然不能够立刻就将这些问题全部解决，但我认为最重要的是首先为他们提供和创造一个能够倾诉自己意见的场合。

事实上，从我就任总店长之时，就感到我们并没有进行过跨销售部门的交流和信息交换。也就是说，我们对于要让顾客能在店内随意选购、货比三家的这个新宿总店的任务，并没有下大工夫。

伊势丹有五大接待顾客用语。最后一个就是"非常感谢。敬请再次光临"这句。但是"再次光临"这句话听起来就像是逐客令。我认为这样不行，因此将这句话改为了"如果您还有别的想买的商品，我可以为您带路"。这样一来，顾客就好像被提醒了一样，再去其他商品的买场逛逛的顾客就增多了。

但是，仅仅这样力度还是不够。我总有这样的感觉。要想推荐顾客去其他买场逛一逛，必须要更熟悉整个店铺的商品和活动信息。因此我召集了提高现场力的主力军——销售部长们，进行了以下谈话。

"大家要把手互相牵起来。"

当然，我并不是让大家真的牵手。我的意思是让大家互相了解对方，互相向顾客推荐对方的商品。直到现在，部长级别的管理人员每周仍会至少有一次集合在一起，共享信息。此外，我们还开展了由管理现场的区域主管进行的信息交换会、年轻女员工为主的部门横向交流计划等20多种活动。

如何将自己负责的商品之外的信息更广泛地介绍给顾客？这些新的想法最好能为顾客提供各种各样的价值。从2015年春天开始，这些举措的成果逐渐显现了出来。

现场力的提高是没有终点的。不过，我是这样认为的：店里的每一名导购如果都能够充满活力地来回奔忙，到那时，或许这家店铺在某种程度上就可以称为是具有现场力的店铺了。

我向销售经理强调的是，"将店面打造成有活力的店铺"。即使顾客想要买东西，也不愿意迈进一家店员仅仅是闲呆着等待顾客上门的店铺。只要能向顾客展现出店员都在有目的、有意识地在店内忙碌，自然就会吸引顾客上门光顾。

我们百货商场的任务是，销售商品、并在其上附加新的价值之后，交给顾客。是一种只有让顾客观看、穿着、品尝之后，才能够得以成立的生意。这"最初的一步"就

仿若"世界最好的时尚美术馆"一般，总馆一楼的"The Stage"展示区通常每周都会举办不同的活动

是让顾客感兴趣，为此，绝不能出现令顾客感到难以迈进店内的环境。

店内的店员要始终保持一定的活动，并经常给顾客充满活力和惊喜的感受，这样也会让顾客感到高兴。我们想打造这样的店铺。

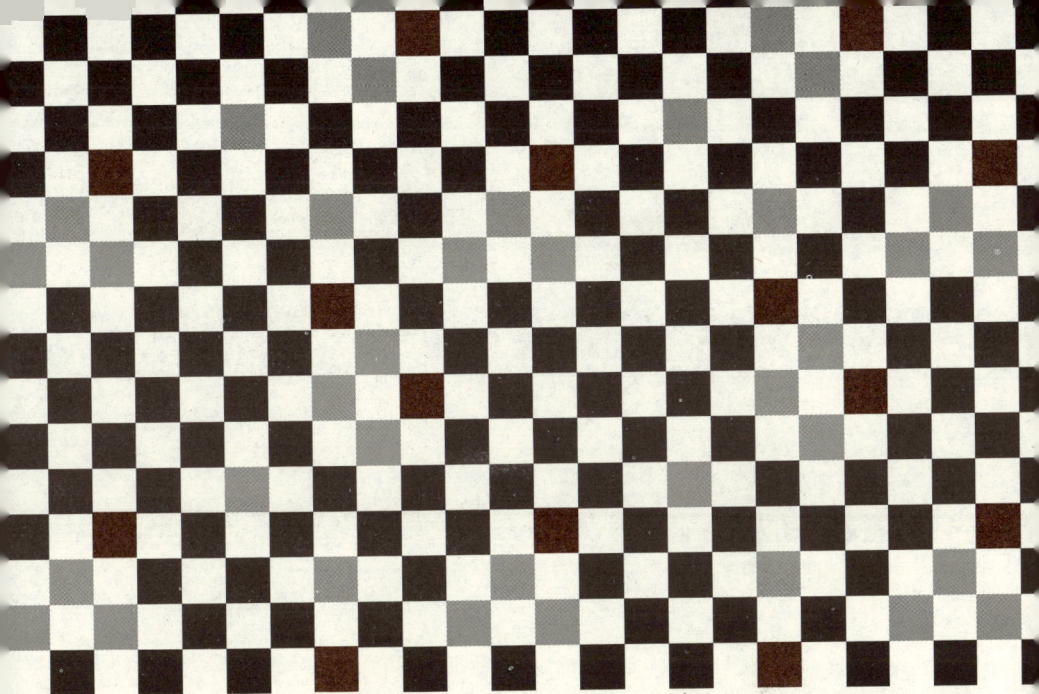

第 **6** 章

打造 "全球第一百货商场"
的方法

▗▚▚ 要想脱离衰败一途，必须先行动起来

百货业的年销售额从 9 兆日元降至 6 兆日元，这就说明了如果不对以往的经营方式加以否定，销售额就会进一步下降。百货业的人都知道这样做不行，但对此却没有任何行动。

那么，我们必须要作何改变呢？

当然，我并不是说三越伊势丹的措施就是唯一的正确答案。但有一件事是可以肯定的，那就是百货商场的同质化是最大的问题所在。即为了避免独自背负风险，而将自己商品的价值与其他业态保持一致。

结果，在价值和价格的平衡上则败给了制造型零售业（SPA①）。SPA 的代表性企业是优衣库、无印良品，以及 GAP、ZARA 和 H&M 等海外企业。其结果导致百货商场的业绩持续恶化，店面销售员数量减少，进而导致服务质量下降。

要想从行业衰退的颓势中摆脱出来，首先必须要从脱离同质化和改变回避风险的企业特质开始。对此，三越伊

---

① speciality store retailer of private label appare 的缩写。

势丹的应对之策是"采购模式改革"。

服务水平的低下则通过提高工作人员的薪资待遇进行恢复和提高。

正因为销售人员能够在最好的环境、最好的条件下工作，才能够为顾客提供最优质的服务。我始终这样坚信。为此，三越伊势丹缩短了销售时间，设置了固定休息日，创造了休息日就让员工彻底休息的工作环境。

销售时间太长，就必然会采取"轮班制"的工作方式。这也是工作方式的一种，对此我们不会否定，但从接待和服务顾客的意义上来讲，就会导致服务质量不够完善和彻底。因为这样会导致顾客想找的指定导购（销售员）有时在，有时却不在，就有可能会减弱顾客来店的动机。

因此，三越伊势丹的目标是建立第 1 章提到的"一班倒"的工作方式。

从店铺开张销售开始到打烊为止，所有的导购都自始至终站在店内迎接顾客。一旦变为一班倒，不换班，工作方式就会完全改变。不再需要店员交接时的交流和沟通，时间上得以不再浪费，而节省下来的时间和精力则可以充分发挥到接待顾客上面。或者可以说，在一定的时间内导购的相对工作质量得以提高，这就能使对顾客的接待和服务质量得到加强。

为此，如此循环往复，就需要进一步缩短销售时间。目前的销售时间是到晚上 10 点 30 分打烊，再缩短半小时的话，就能够变为一班倒了。不管是变为从 11 点开始销售还是在晚上 7 点 30 分打烊，总之早晚必须要选择其一。

或许这样一来会导致销售额暂时下滑。但这种情况过不了多久就会恢复。甚至可以说，通过缩短销售时间，能够进一步提高服务质量，提高销售额，结果会使工作效率得到切实的提高。

当然，对此，公司内部也产生了各种各样的议论。

打烊时间提前，开始销售的时间推后——这个做法会由于商铺地段和特征的不同而有很大差异。比如：像三越银座店等店铺，会有很多去歌舞伎座①和新桥演舞场②的顾客顺路来买便当。因此必须充分考虑到不能给这些顾客带

---

① 歌舞伎座是位于东京银座的歌舞伎专用剧场，1914 年起松竹在此创业。1889 年 11 月 21 日开业以来，曾遭受火灾、战火，历经数次烧毁、复兴、改建，现在的建筑建成于 1951 年。桃山时代风格的现歌舞伎座，建成后经历了 50 年历史，已被列为国家有形文化遗产，是颇为珍贵的建筑。在迄今为止 100 多年的岁月，此地不断上演歌舞伎，名副其实地保持了最具代表性歌舞伎剧场的宝座。

② 新桥演舞场是 1925 年为了与京都的一个著名舞场相抗衡而兴建的，主要是上演艺妓们的歌舞表演。一度曾毁于战火，1982 年又重建复原了，是从 1 楼到 3 楼总座席数为 1428 个的大剧场。现在主要有舞蹈、歌舞伎、新派、松竹新喜剧等各种传统节目和一些现代音乐节目，内容每月翻新。

来任何不便和麻烦。不过，我认为，既然连10点30分开始销售都能被顾客接受，那么11点开张的话就从某个阶段开始一力执行也未尝不可。但是有一点需要注意，即每家店铺都有自身的特点，因此今后必须要根据具体情况进一步讨论。

■■■■ 销售额并不是"世界第一百货商场"的唯一指标

承蒙广大消费者的厚爱，三越伊势丹被誉为"世界第一百货商场"。

这是因为，三越伊势丹作为百货商场达到了全球最高的销售额。销售额就是最终消费者购买了多少商品的结果，因此大约有一半可以将销售额作为评判的标准。但是我不认为只有销售额才是评价"世界第一百货商场"的指标。

特意光顾百货商场的顾客人数多。
能做到全世界其他百货商场都无法效仿的事情。
某种品类或多种品类的商品具有压倒性的优势。

剩下的一半应该从以上这些角度来衡量。反过来再看三越伊势丹，如果从这些角度衡量，是否也能够称得上世界第一的百货商场呢？我认为绝不是这样，我们做得还远远不够。

全世界值得我们学习的百货商场有很多。美国时尚百货波道夫·古德曼（Bergdorf Goodman）就是我们男士馆重建改造时的参考标准。在那里，商铺和商品的细分化做到了极致，成功打造出了超一流的百货商场。

还有伦敦的塞尔福里奇（Selfridges）。虽然我们伊势丹新宿总店女士商品部在重建改造时得到了对方的称赞，但塞尔福里奇的商品分类方式真的相当考究。看到了对方那种极具独特性的方式，就会认为世界第一非塞尔福里奇莫属，而非三越伊势丹。

另外，巴黎的乐波玛榭（LE BON MARCHÉ）的食品和生活用品也非常出色。在食品和生活用品类仍有很多问题亟待解决的新宿总店与之相比，简直云泥之别。在这一点上这家百货商场也早已能被称为世界第一。关于这家百货商场，下文还会详细阐述。

也就是说，只要让顾客认为"这家百货的这一点真是太厉害了"，顾客就能够感受到光顾这家店铺的价值。这不正是成为世界第一的最基本条件吗？

那么，从外观来看，顾客会对三越伊势丹作何评价呢？

我怎么也想象不出来。全球奢侈品牌的高层每次来日本，都会对新宿总店提出表扬。但是，表扬的是什么经常无从得知。

"能有这么多客流量，真厉害。"

"女装楼层的建设和布局真是哪里都模仿不来的啊。"

虽然对方如此赞扬了我们，但我总不由得在想，对方是真心这么认为吗，不，我们还差得远呢。我们必须要做的事情还有很多。

作为时尚美术馆，虽然我们给顾客留下了非常深刻的印象，但还远远不够。时尚潮流瞬息万变，没有任何一种趋势能够一直存续。

当然，新宿总店的内部装修环境至少在十年之内还不会过时，因此我还不至于对此太担心。但是，对时尚潮流非常敏感的"尖端"人群一直在快速地进化，我们必须跟上这个进化的速度，或者说，必须要走在这个进化的前端，引领潮流。

对于"时尚",我感到了我们在未来的潜力和可能,而对于"餐馆"和"食品"则必须要加大力度、多下工夫。

最近,在我的印象里,除了前文提到的有诸多问题的"食品"和"生活用品"方面,"餐馆""儿童"这两方面也有很大的问题。对于生活用品和儿童商品类别,我已于2015年3月亲自负责并参与了重建改造,虽然还有需要修正的地方,但目前已经得到了很大的改善。

但是,在餐馆和食品方面我还没有介入。

原本我们的食品买场(卖场)被称为"百货地下",经常被拿来与其他百货商场的地下食品卖场相提并论,这就是我们已经缺乏独特性的证明。在电视上的美食信息类节目中,只要一谈到"百货地下"的话题,新宿总店的地下一楼就会偶尔出现在电视画面上。虽然看到这个时,我们的员工都很高兴,但对于我来说,别说高兴了,反倒认为还不如不接受采访呢。

确实,上电视会使销售额行情见涨。顾客们也会来凑热闹。我也不否认看到了电视节目后,会有很多前来光顾的新顾客。

但是,在电视节目上播放出来的店铺,与其他百货商场没有任何不同,缺乏独特性,这才是问题的关键。比如：播放售卖西式点心的店时，基本上都是在任何一家百货商场都有售的品牌，我们并没有明显的独特性。只要静下心来想一想，这真的是新宿总店应有的形象吗，马上就会知道答案是否定的。

即使我们要引入餐馆，新宿总店应有的目标也该是"非百货商场的餐馆"。决不能满足于将个别有名气的餐馆集结在一起了事，而必须要在环境和空间上将这些餐馆的风格进行统一。

"晚餐去伊势丹吃吧。"

如果建成的餐馆美食街不能让顾客说出这句话，就配不上"世界第一"的称号。

"食"之一事，对于日本人来说非常重要。对于百货商场来说，将如此重要的事情提供给顾客，也是我们极之重要的任务。

既然如此，那么只要我们自己建一家与其他百货商场完全不同的西式点心店就行了。三越伊势丹与外国的糕点师和巧克力、甜点师有很多联系。我们与他们合作，将买场全部打通变为一整块空间之后再进行销售。尝试这种方式，才能真正打造出新宿独特的风格吧。针对这一点，我非常期待年轻的团队的表现，因此向某位助理采购人员提出要求，希望他能够实现"脱离百货地下"的模式。

这一考量并不是什么新想法。

同在新宿总店的女装和男装部都尝试过了。没有实施的只有食品类。这样想来，不将食品类的问题仅在食品部内部纵向考虑，而将女士和男士部门的成员吸纳进来共同讨论，或许也是一个办法。

▟▛▟▛ 三越伊势丹将为顾客提供什么样的未来?

那么，应从何处着手发挥未来的百货商场特有的作用呢?

因为我们的业态仅占零售业整体4.4%的市场份额，所以与其他业态融合是没有意义的。如果不能发挥特殊的作用，就没有存在的价值了。这样一来，似乎我们只能回归百货商场的本来面目了。

我经常不厌其烦地对员工们说，向顾客提供能够使生活丰富多彩的"物""事"是百货商场的职责。

所谓"物"，是指独特性高、有价值的东西。这个价值，在顾客看来是与价格的平衡。一般情况下，买东西时，顾客肯定都会有自己的心理价格区间。而以这个价格区间为中心，我们备的货能稍微比顾客的心理预期好一些，这一点很重要。

比如：冬季大衣最好卖的价格是 5.9 万日元左右。这样的话，百货商场就会向顾客推荐稍微贵一点的 6 万日元以上的大衣。向顾客推荐高价的商品，必须能够提供相应的附加价值。

对于这个附加价值的具体内容我不能详细说明，但我能向大家说的是，这个价值应足以让顾客对布料、设计、缝制等各方面都满意并购买。今后，我们肯定会明确地加强这个方面。当然，也不是说绝对不卖这个价格区间以下的商品，但基本原则是不卷入价格竞争即可。

下面，来谈一谈"事"的含义是什么。

经济高速成长的同时薪资水平也提高了，随之而来的是日本人开始对生活必需品以外的东西产生了需求。但即便如此，以前的百货商场对于老百姓来说仍是高不可攀。而去逛百货商场甚至成为了一种休闲娱乐活动，每到周日，全家人就会盛装打扮，兴致勃勃地出门去购物。

因此，我认为必须重新找回这种感觉，也就是说要让店铺建设能够令顾客感受到环境和空间的愉悦。要让顾客一跨进百货商场的大门，就感到"兴奋和雀跃"。这就要靠在百货商场中采用的建筑设计。

去美术馆的人会表现出对建筑物本身以及内部装修设计、氛围的兴趣和关注。此时的判断标准是能否在感观上令参观者接受。以往的百货商场重建改造只要内部装修弄得漂亮就行，但今后，还必须要在其中体现出内部装修的设计性和令人雀跃的氛围。

"这里有什么啊？"

"真让人欢欣雀跃啊。"

我们应该打造出能让顾客在踏入百货商场的一瞬间就作如是想的环境和空间。

新宿总店提出了"时尚美术馆"的经营理念，因此在将要进行的重建改造中，必须从以下两个方面着手打造时尚美术馆的形象，这两方面分别为：内部装修、环境空间这一方面，以及"物"，即商品备货这一方面。

如果想要在外观上也进行重建，就需要巨额投资。但是，内部装修则只需要较少的投资金额即可以着手进行。走进外观传统的百货商场，却发现里面非常的时髦，我们可以打造出这样的一种形象。

从 2016 年开始到 2017 年，三越日本桥总店将进行大规模的翻新重建。

日本桥总店很有潜力，在热心的三越忠诚顾客们的支持下，一直生意红火。因此，店铺的这次改建能让这些顾客更加舒心地选购商品，这正是日本桥总店最大的任务。

不过，由于现有顾客的年龄层逐渐增高，顾客购买力在逐年下降，这也是事实。简单地说，就比如去年在店里消费 100 万日元的顾客今年只消费 70 万日元……就是这个概念。

因此日本桥总店今后的课题就是获得新客源。

这次的翻新重建有必要在吸引新客源方面采取一定的措施。具体地说，为使 30~50 岁年龄段的新顾客能够光临，我们决定将整体的三成左右按照面向新年龄层顾客的标准进行店铺建设。将店铺如此转型之后，既能够使以往惠顾本店的顾客像以前一样舒适地购物，又能让新顾客更多地光临本店购物。

百货商场容易陷入同样的怪圈，即总爱将忠诚度高的顾客作为主要服务对象。这一点不应否定，甚至可以说是很重要的事。但是也不要忘了，作为百货商场还要经常创造新的价值，吸引新顾客光顾这一角度。以此为目的的店铺建设是十分必要的。

2010 年，在日本桥总店旁开了一家 COREDO 室町①。

从那时开始，来店的顾客人数就增长了两成。但销售额却基本没有变化。这其中的意味非常明显。去逛 COREDO 室町的顾客没有在日本桥总店购物。

这或许不是正常表现。

也就是说，实际上本应该会有一些消费和购物，但我们却没有给顾客提供能让其购买的商品展示方法。很遗憾，我们给顾客留下的印象是"三越还是不适合我们"。如果不消除顾客的这种感观，日本桥总店就没有未来。

原本日本桥总店的建筑风格比较传统和简洁，能营造出温馨的氛围。我还没发现其他的百货商场有像日本桥店这么大的通顶空间。但问题是，这种风格在 30 岁和 40 岁左右的还没惠顾过三越的顾客看来，却没什么好印象。因此，必须在重建改造时注意考虑内部装修的设计，去其糟粕取其精华，再加入比较新颖的元素。

---

① 2010 年，以"活跃日本的日本桥"为理念开设的新型态综合商业设施。其充满江户时代风格的室内设计和新颖的概念在开业后随即引起广泛关注。

日本桥总店所在商铺的地理位置十分特殊。在日本，建在商务 CBD 街区中心的百货商场很少见。原本这条街是 20~40 岁年龄段的年轻人上班通勤的街区，因此毫无疑问具有潜在的发展性。

如何才能让这类顾客光顾本店，并购买商品呢？预计于 2016 年开始动工的重建改造计划就成了预测未来日本桥总店发展的一次尝试和挑战。

最终目标是建设超脱衣·食·住层面的店铺

作为百货商场，向顾客提供的另一件"事"即"招待"。

"还百货商场呢，居然……"

"正因为是百货商场才……"

在顾客心中对百货商场会有这种印象和看法。能说出这样的话，就证明顾客对我们还有所期待。三越伊势丹的导购能够提供给顾客多少满意和感动，这才是关键。也就是说，接待顾客的质量、销售工作的质量必须要与其他业态分栖共存。

依据每个人的销售额和每个人负责的销售面积这种以往的指标来衡量其销售工作的效率，可能会导致一些东西被忽略。而导购能够为顾客做到什么地步，这才是最重要的。

"我想让○○店员负责接待我。"

我想打造出一间能让顾客这样说的店铺。

对于老客户和外商这类顾客，我们有专门的人员负责一对一的接待。但是，直到现在，实体店内仍然几乎没有过这种建议和做法。我认为，店内也应该考虑对顾客进行一对一的接待。

三年前，我们曾举办过一次"记住顾客姓名"的活动。

该活动的内容是，每名导购最少要记住 100 名顾客的姓名，如果顾客来店，就称呼对方姓名，并进行一对一的接待。那天，一位来店购买女装的顾客提出当天还想再买些点心和小菜再回去时，负责女装销售的导购就为顾客带路，一路到了食品买场，并适时地给与这位顾客一些建议。

最关怀顾客、获得销售额最多的导购能够记住大约
400 名顾客的相貌和姓名。为回报这些导购做出的努力，
我打算引入在前言中提到过的绩效工资制度。

这样一来，不仅能让顾客获得更满意的接待服务，还
能让顾客记住"这家店的这名员工"。要想培养出能够理
解顾客的人生观和生活方式，并给出相应的推荐和提案的
导购，这一措施必不可少。

我还打算改变店铺建设方式，使之也能体现和反映出
这一点。

三越日本桥总店的经营理念是中 阳次总店长提出的
"文化娱乐休闲百货商场"。过去的百货商场是以"满足
衣·食·住方面所有需求的场所"为理念进行经营的，但
是今后仅靠这一范畴是不足以向顾客提供价值的。在将历
史、艺术等各种范畴落实到买场中的同时，能够向顾客做
出何种推荐和提案，这才是问题所在。

我的个人意见是，我们最终必须要理解顾客的生存方
式和生活样式，并在"超脱衣·食·住"的层面和范畴上
进行店铺建设。

当然，可以预见的是，深入理解顾客的生存方式和生
活样式相当困难。但即便如此，百货商场从以前就开始对

生活方式做过市场调查，因此我确信，只要能够与每一名顾客都面对面接触和交流，就一定能够成功。

不过，生活方式型的店铺建设极为困难，这也是不争的事实。

每名顾客的生存方式和生活样式都千差万别，对这位顾客来说是能够使其轻松舒适地购物的买场，对其他顾客来说则不一定能够满意。这一点如何克服和解决呢？现在，正是考验我们能力的时候。

⣿⣿ 汇总顾客对社会贡献的需求并一起去实现

企业的社会责任（CSR）① 受到社会的广泛关注已经很久了。

对于百货商场来说，CSR 有两种形式。一种是作为三越伊势丹这一企业，进行一些能够实现 CSR 的活动。另一种是对于顾客个人想要实现自己社会责任的愿望，我们予以重视和帮助。

---

① CSR 全称是 Corporate-Social-Responsibility，即企业社会责任，所谓企业社会责任是指企业在创造利润，对股东负责的同时，还应承担起对劳动者、消费者、环境、社区等利益相关方的责任，其核心是保护劳动者合法权益，广泛包括不歧视、不使用童工，不使用强迫性劳动，安全卫生工作环境和制度等。

虽然不太引人注目，但这两方面我们都已经在进行了。作为企业，我们做了各种各样的活动，以百货商场这一企业形态的特性和作用，和顾客一起为社会做出贡献，在这一点上我们应该永远优先考虑。

想要实现个人社会贡献的顾客有很多。要想体现出这一点，可以采用慈善这一形式。创造多种方式和机会，让顾客把购买的商品捐赠给专门解决社会问题的团体，或许在这一形式上加大力度是最好的方法。

也就是说，我们三越伊势丹会汇总顾客个人想要做出社会贡献的需求，并与顾客一起去实现。我认为这件事非常有必要。

虽然社会关注的是企业的社会责任，但时代终将演变为个人也要追求实现社会责任。特别是对于那些在百货商场购买贵重商品的富裕阶层来说，这是不可避免且必将面对的。

但是，个人要想实现对社会的贡献，难度很高，这也是事实。

即便向不知名的团体捐款，作为个人也没有办法和手段去确认这些捐款被作何使用。而将这些都由百货商场进行汇总，则有非常大的意义。今后我们会再建立一种能够长期持续的形式，让顾客无论何时来店都能够进行慈善捐款。

另外，今后捐款的对象，也是一个值得思考的课题。

目前，我们的捐款是分别捐助给各种不同的组织和机构。因为我们不能为所有社会问题的解决进行捐款，所以要将焦点和重点放在哪里，这一点我们可以向顾客征求意见，然后再进行集中和选择。

这些不能全部归结为 CSR，考虑到日本的未来，在年轻一代的教育问题上，我们应该参与多少，这也是一个课题。

赴海外留学的日本学生逐年减少。过去在亚洲我们的海外留学生人数是最多的，但现在已不敌中国和韩国。我们希望通过向计划赴海外留学的日本学生提供奖学金的资助等方式，尽我们的一份力量。

这件事或许鲜为人知，从伊势丹时代开始的数十年间，我们每年都会向 30 名左右的学生发放奖学金。包括慈善事业在内，我们的社会贡献活动分散在各个方面，因此或许将我们的目标再进一步明确和集中，这样会更好。

从 "JAPAN SENSES" 到 "this is japan"

在三越伊势丹，从 2011 年起就开始推进 "JAPAN SENSES（日本品位）" 策略，向顾客推荐享誉世界的日本魅力商品，让顾客再次认识到日本商品的新价值。

日本拥有许多享誉国内外的优秀制造工匠和工艺技术。但尽管如此，能够体现这种优点的场合逐渐减少，这些本应该流传后世的传统和文化甚至面临着崩溃的险境。

我们对这种情况深感忧虑，立志让日本传统和文化再次复兴，虽然势单力微，但我们一直担负着支持地方传统制造工艺的责任。我们致力于发掘传统工艺，将制造工匠和顾客联系在一起。

比如：大家知道经典传统文化——京都友禅，这项产业已经难以为继。某位京都友禅的第二代传人为了保住家业，甚至改行去做其它行业。

"虽说是为了守住家业，但这样做还是不对的啊。"

记者财部诚一对此无法赞同，我们经其介绍，曾与这位京都友禅的传人见了一面。看了友禅之后，我们深感工艺的精湛，因此，在三越银座店举办了一次活动，目前，海外的订单纷至沓来。

其他的活动，如三越伊势丹在浅草一家规模很小的制鞋工厂开展了私人订制鞋·商标的"NO.21"活动。由手法熟练的工匠通过精湛的技术仔细制作出来的鞋子博得了极高的人气，接到订单的速度甚至让工厂的供货都跟不上节奏了。

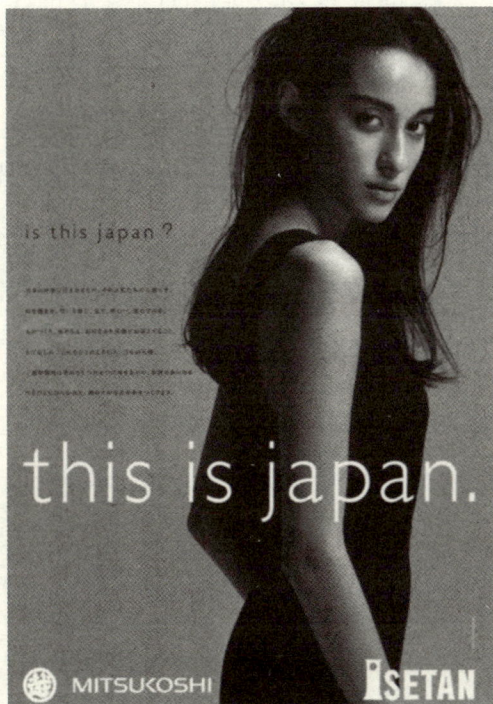

2015 年 1 月开始对外宣布新的企业宣言"this is japan"

自 2015 年 1 月开始，在以往的 "JAPAN SENSES" 宣传用语继续使用的同时，三越伊势丹集团又推出了深化这一概念的宣传语——"this is japan"，并将之定位为新的经营战略。这是向全世界宣扬日本商品优点的企业宣言。

这句 "this is japan" 成为了今后构筑新型百货商场的三越伊势丹集团的 "意志" 和 "行动" 的基准。也可以说是一个 "思想准备"。充分运用日本孕育的四季之美和由此培养起来的五感，并通过商品、服务和店面环境表现出来。这样就能为顾客的生活方式提供新的价值。

我们从 2015 年初开始进行一系列的行动，旨在提高三越伊势丹的品牌力。而这一系列举措体现了我们要将品牌力作为今后经营的巨大支柱。因为这是我们作为一个企业不可逃避的使命。

后记
如何培养人才、持续提高现场力

在我就任社长之际，经常被别人问到我的座右铭。

"夫子之道，忠恕而已矣。"①

这句话出自孔子《论语》中的一节。虽然我们要讲究吾道一以贯之，但这句话的背后有着"体谅和真诚待人"以及"站在对方的立场考虑问题"的含义。

对于我来说，我坚信"人才和现场力是最宝贵的财富"。虽然我不知道这算不算是我的经营哲学，但我确实是出自真心这么认为的。

只要能够将导购（销售员）的工作热情提高哪怕一点点，销售额就会有很大的变化。三越伊势丹面临的课题是，让所有员工和合作方（供货方）在同等水平上感受并提高服务质量。要想做到这一点，其关键无外乎"现场力"，而能够形成现场力的只有人。

---

① 最早将忠恕联系起来的是中国春秋时代的曾子。他在解释孔子"吾道一以贯之"时说："夫子之道，忠恕而已矣。""忠恕"，是以待自己的态度对待人。

我既不想当社长，也从未想过自己能真的当上社长。当时公司内部想当社长的人几乎没有，因此在这样的情况下我才当上了社长一职，或许可以说，我对自己是社长这一事实的感觉比别人还要淡薄。

只不过，社长这个职业不是我个人的问题。我的工作必须实现对社会的责任、对企业的利益相关者（stakeholder）的责任、对顾客的责任等各种各样的责任。

进一步说，守护在三越伊势丹工作的从业人员及其家属，这也是我重要的工作之一。我时刻谨记在协调关注这两个方面的同时做好我的本职工作。

为此，我应该做些什么呢？这才是社长真正的工作。

提升业绩、实现对社会的贡献，或是为了让三越伊势丹在未来的 10 年、30 年、50 年持续成长而努力。虽然我就任社长的时间有限，但我想要在这有限的时间内将这些想法一一实现。

让我再重复一次，最重要的是人和现场力。

如何培养人才？如何提高现场力？就是从为了永远保住"三越伊势丹"这一品牌考虑，这两项也是目前最大的课题。

最后，这本书能够顺利出版，是受到了出版方的上田纯子、PHP 研究所新书出版部总编山岗勇二的诸多关照和帮助。另外，作为本书的执笔，自由作者新田匡央也给了我很多的帮助。对以上各位，致以我最真诚的谢意。

而最重要的是，这本书之所以能够集结成册，离不开三越伊势丹集团的从业人员的帮助，更离不开以在我公司工作的合作顾问为代表的相关人员的各位同仁的支持。我现在认为最重要的是"三个和"，即大和的"和"、融和的"和"、和平的"和"。今后我也将更加重视这"三个和"，与大家一起并肩前行。这将是我最大的荣幸。

注：本书中提到的组织和所属部门均以 2015 年 3 月底这一时间点为准。

"服务的细节" 系列

《卖得好的陈列》：日本"卖场设计第一人"永岛幸夫
定价：26.00元

《为何顾客会在店里生气》：家电卖场销售人员必读
定价：26.00元

《完全餐饮店》：一本旨在长期适用的餐饮店经营实务书
定价：32.00元

《完全商品陈列115例》：畅销的陈列就是将消费心理可视化
定价：30.00元

《让顾客爱上店铺1——东急手创馆》：零售业的非一般热销秘诀
定价：29.00元

《如何让顾客的不满产生利润》：重印25次之多的服务学经典著作
定价：29.00元

《新川服务圣经——餐饮店员工必学的52条待客之道》：日本"服务之神"新川义弘亲授服务论
定价：23.00元

《让顾客爱上店铺2——三宅一生》：日本最著名奢侈品品牌、时尚设计与商业活动完美平衡的典范
定价：28.00元

《摸过顾客的脚才能卖对鞋》：你所不知道的服务技巧，鞋子卖场销售的第一本书
定价：22.00 元

《繁荣店的问卷调查术》：成就服务业旺铺的问卷调查术
定价：26.00 元

《菜鸟餐饮店 30 天繁荣记》：帮助无数经营不善的店铺起死回生的日本餐饮第一顾问
定价：28.00 元

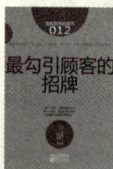

《最勾引顾客的招牌》：成功的招牌是最好的营销，好招牌分分钟替你召顾客！
定价：36.00 元

《会切西红柿，就能做餐饮》：没有比餐饮更好做的卖卖！ 饭店经营的"用户体验学"。
定价：24.00 元

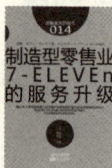

《制造型零售业——7-ELEVEn 的服务升级》：看日本人如何将美国人经营破产的便利店打造为全球连锁便利店 NO. 1！
定价：38.00 元

《店铺防盗》：7大步骤消灭外盗，11种方法杜绝内盗，最强大店铺防盗书！
定价：28.00元

《中小企业自媒体集客术》：教你玩转拉动型销售的7大自媒体集客工具，让顾客主动找上门！
定价：36.00元

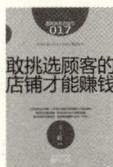

《敢挑选顾客的店铺才能赚钱》：日本店铺招牌设计第一人亲授打造各行业旺铺的真实成功案例
定价：32.00元

《餐饮店投诉应对术》：日本23家顶级餐饮集团投诉应对标准手册，迄今为止最全面最权威最专业的餐饮业投诉应对书。
定价：28.00元

《大数据时代的社区小店》：大数据的小店实践先驱者、海尔电器的日本教练传授小店经营的数据之道
定价：28.00元

《线下体验店》：日本"体验式销售法"第一人教你如何赋予O2O最完美的着地！
定价：32.00元

《医患纠纷解决术》：日本医疗服务第一指导书，医院管理层、医疗一线人员必读书！ 医护专业入职必备！
定价：38.00 元

《迪士尼店长心法》：让迪士尼主题乐园里的餐饮店、零售店、酒店的服务成为公认第一的，不是硬件设施，而是店长的思维方式。
定价：28.00 元

《女装经营圣经》：上市一周就登上日本亚马逊畅销榜的女装成功经营学，中文版本终于面世！
定价：36.00 元

《医师接诊艺术》：2 秒速读患者表情，快速建立新赖关系！ 日本国宝级医生日野原重明先生重磅推荐！
定价：36.00 元

《超人气餐饮店促销大全》：图解型最完全实战型促销书，200 个历经检验的餐饮店促销成功案例，全方位深挖能让顾客进店的每一个突破点！
定价：46.80 元

《服务的初心》：服务的对象十人百样，服务的方式千变万化，唯有，初心不改！
定价：39.80 元

《最强导购成交术》：解决导购员最头疼的55个问题，快速提升成交率！
定价：36.00 元

《帝国酒店——恰到好处的服务》：日本第一国宾馆的 5 秒钟魅力神话，据说每一位客人都想再来一次！
定价：33.00 元

《服务的细节 029：餐饮店长如何带队伍》：解决餐饮店长头疼的问题——员工力！ 让团队帮你去赚钱！
定价：36.00 元

《服务的细节 030：漫画餐饮店经营》：老板、店长、厨师必须直面的25 个营业额下降、顾客流失的场景
定价：36.00 元

《服务的细节 031：店铺服务体验师报告》：揭发你习以为常的待客漏洞 深挖你见怪不怪的服务死角 50 个客户极致体验法则
定价：46.80 元

《服务的细节 032：餐饮店超低风险运营策略》：致餐饮业有志创业者 & 计划扩大规模的经营者 & 与低迷经营苦战的管理者的最强支援书
定价：42.00 元

更多本系列精品图书，敬请期待！

图书在版编目（CIP）数据

零售现场力 /（日）大西洋 著；王思怡 译. —北京：东方出版社，2015.9
（服务的细节；33）
ISBN 978 - 7 - 5060 - 8502 - 1

Ⅰ.①零… Ⅱ.①大… ②王… Ⅲ.①零售商业—商业企业管理 Ⅳ.①F713.32

中国版本图书馆 CIP 数据核字（2015）第 240589 号

MITSUKOSHIISETAN BRAND-RYOKU NO SHINZUI
Copyright © 2015 Hiroshi ONISHI
First published in Japan in 2015 by PHP Institute, Inc.
Simplified Chinese translation rights arranged with PHP Institute, Inc.
through Beijing Hanhe Culture Communication Co., Ltd.

本书中文简体字版权由北京汉和文化传播有限公司代理
中文简体字版专有权属东方出版社
著作权合同登记号 图字：01 - 2015 - 5955 号

服务的细节 033：零售现场力
（FUWU DE XIJIE 033：LINGSHOU XIANCHANGLI）

作　　者：[日] 大西洋
译　　者：王思怡
责任编辑：崔雁行　高琛倩　刘晓燕
出　　版：东方出版社
发　　行：人民东方出版传媒有限公司
地　　址：北京市朝阳区西坝河北里51号
邮　　编：100028
印　　刷：三河市中晟雅豪印务有限公司
版　　次：2015 年 11 月第 1 版
印　　次：2019 年 8 月第 3 次印刷
开　　本：880 毫米×1230 毫米　1/32
印　　张：7.25
字　　数：156 千字
书　　号：ISBN 978 - 7 - 5060 - 8502 - 1
定　　价：38.00 元
发行电话：（010）85924663　85924644　85924641